I0099726

ÉCRITS POLITIQUES

Déposé au vœu de la loi.

Bruxelles. — Imprimerie de J. H. BRIARD, rue des Minimes, 51.

HENRI D'ORLÉANS, DUC D'AUMALE

ECRITS
POLITIQUES

1861—1868

LETTRE SUR L'HISTOIRE DE FRANCE,
adressée au prince Napoléon (1861).
LETTRES DE VERAX;
Ire série (1865), IIe série (1866).
LETTRES DE VERAX
SUR LA DEUXIÈME EXPÉDITION DE ROME (1867).

TROISIÈME ÉDITION

FRANCE ET BELGIQUE

CHEZ TOUS LES LIBRAIRES

1871

LETTRE

SUR

L'HISTOIRE DE FRANCE

ADRESSÉE

AU PRINCE NAPOLÉON

(1861)

LETTRE

SUR

L'HISTOIRE DE FRANCE

ADRESSÉE

AU PRINCE NAPOLÉON

(1861)

PRINCE,

Dans un discours que vous venez de prononcer, et qui a diversement ému vos auditeurs et vos lecteurs, vous avez remercié MM. Troplong et de Persigny des leçons d'histoire romaine et d'histoire d'Angleterre qu'ils avaient bien voulu donner à notre pays, et dont vous aviez fait votre profit. Je voudrais ajouter à cet enseignement quelques mots sur l'histoire de France.

Pendant que le chef de votre dynastie (j'emprunte ses propres paroles) expiait à Ham, par un emprisonnement de six années, sa témérité contre les lois de sa patrie, il usait sans entrave de ses droits de citoyen, et critiquait librement, dans les journaux, le gouvernement régulier qu'il avait commencé par attaquer à force ouverte.

Ma situation est bien différente, et je ne réclame pas de tels priviléges. Exilé de mon pays sans avoir violé aucune loi, sans avoir mérité mon sort par aucune faute, je ne suis connu de la France que pour avoir été élevé sous son drapeau, et l'avoir fidèlement servie jusqu'au jour où j'en ai été violemment séparé. Mais cet exil m'a-t-il fait perdre le droit le plus naturel, le plus sacré de tous, celui de défendre ma famille publiquement outragée, et, avec elle, le passé de la France ? Cette attaque injurieuse qu'un pouvoir si fort et qui vous inspire tant de confiance, a endossée, propagée, affichée sur tous les murs, ma réponse peut-elle la suivre, et se produire, en se conformant aux lois, sur le sol même de la patrie ? J'en veux faire l'expérience ; si elle tourne contre mes vœux, et si, au mépris des plus simples notions de la justice et de l'honneur, vous étouffez ma voix en France, dans une cause si légitime, elle aura du moins quelque écho en Europe, et ira, en tout pays, au cœur des honnêtes gens.

Vous avez parlé des scandaleuses discussions intestines dont partout les Bourbons ont donné l'exemple. Plus que toute autre, la branche cadette de cette maison paraît avoir excité votre indignation, et si j'en crois le premier compte-rendu de la séance, dans le tableau que vous esquissiez à grands traits, les princes d'Orléans formaient un groupe sombre destiné à servir de repoussoir à la brillante peinture de l'union et des vertus des Napoléon, puisqu'il n'y a plus de Bonaparte.

Si vous nous aviez fait l'honneur de nous donner une définition un peu précise de ce que vous appelez *le nouveau droit public,* je ne sais si je serais tombé tout à fait d'accord avec vous ; mais pas plus que vous je ne regrette l'ancien régime. Toutefois, je n'ai pas la même horreur que vous pour le passé de la France ; j'avoue que je l'ai étudié sans que mon amour-propre national, aussi vif que le vôtre, ait eu trop à souffrir ; et je trouve même quelque gloire dans les annales de cette antique race, sous l'égide de laquelle un petit royaume, composé de deux ou trois provinces, est devenu cette grande nation dont vous connaissez la puissance. Que, sur cette longue liste de princes, on en puisse signaler de médiocres et de méchants ; que, dans l'histoire de cette multitude de branches disséminées sur tant de trônes, il y ait à relever des fautes, des faiblesses, des égarements, peut-être des crimes, je vous l'accorde volontiers. Les familles royales, impériales même, n'échappent pas à la loi commune de l'humanité! La Providence ne répartit pas toujours une somme égale de vertus à ceux que leur naissance peut appeler à régner sur leurs semblables. Aussi, les hommes réfléchis qui voulaient conserver la forme monarchique, en réservant les droits des peuples, avaient-ils cherché une garantie contre ces sortes de hasards. Ils voulaient tout à la fois assurer aux nations la stabilité, l'unité, la tradition, et leur ménager le moyen de diriger leur propre gouvernement, de faire leurs affaires, en un mot, ne pas les laisser livrées aux caprices d'un seul homme. C'est l'origine du système constitutionnel, qui semble, grâce à Dieu, devoir être bientôt établi dans toute l'Europe, et qui, par un triste jeu de la fortune, n'a disparu, momentanément, je l'espère bien, du sol de la France, que pour se répandre sur le reste du continent.

Ces divisions, que vous reprochez aux Bourbons, ne sont pas, croyez-le bien, leur apanage exclusif : elles ont existé chez toutes les familles qui ont régné long-temps. Vous vous êtes allié récemment à l'une des plus anciennes et des plus illustres maisons de l'Europe. Ouvrez son histoire : vous y verrez, il y a deux cents ans, le chef de la branche de Savoie-Carignan, celle même qui est aujourd'hui sur le trône, conduisant à plusieurs reprises les étrangers dans sa patrie pour arracher la régence à sa belle-sœur. Plus récemment encore, le grand-père de votre noble et pieuse épouse ne passait pas pour avoir été toujours le sujet le plus fidèle du roi Charles-Félix. La maison de Savoie n'en est pas moins l'une des plus honorées et des plus populaires qu'il y ait en Europe.

Si votre famille avait, pendant dix siècles, occupé le premier trône du monde, porté à diverses reprises cinq ou six autres couronnes ; si, pendant une si longue carrière, la vie publique et privée de tous ses rejetons avait appartenu à l'histoire, et nous apparaissait aujourd'hui pure de toute tache ; si elle comptait autant de grands rois, autant de capitaines, autant de guerriers morts sur le champ de bataille que la maison royale de France (c'est encore historiquement son vrai nom), alors, peut-être, auriez-vous le droit de vous montrer sévère.

Car, remarquez-le bien, vous ne pouvez plus juger les familles princières avec l'austérité d'un philosophe républicain. Vous jouissez aujourd'hui d'une foule de priviléges qui vous retirent cet avantage. Vous vous êtes trouvé un beau jour sénateur, grand-cordon, général de division, prince du sang, non par votre mérite, encore inconnu alors, mais par droit de naissance ; et votre point de vue doit avoir changé avec la fortune.

Quoi que l'on puisse dire, il n'y a plus de parvenu, ni au Palais-Royal, ni aux Tuileries. Les maisons souveraines, et vous avez, je pense, la prétention d'en être une, les maisons souveraines ne comptent qu'un seul parvenu, leur fondateur. Ce titre, car c'en est un, l'histoire le donnera à l'obscur sous-lieutenant d'artillerie qui, quinze ans après avoir quitté l'école de Brienne, plaçait sur sa tête la couronne de Charlemagne. Mais on n'est pas un parvenu quand on a affiché son droit héréditaire à Strasbourg et à Boulogne, quand on a passé sans transition de l'exil au pouvoir, et quand on s'appelle Napoléon III. Vous parlez aujourd'hui en termes magnifiques du coup d'État du 2 décembre. On ne vous a pas, toutefois, rencontré ce jour-là dans le groupe des fidèles accourus à l'Elysée pour se vouer intrépidement à la fortune du nouveau dictateur. Vous n'étiez pas non plus, il est vrai, au milieu des représentants de la nation qui protestaient à la mairie du dixième arrondissement et ailleurs contre le renversement des lois de leur pays. Où étiez-vous donc ? Personne ne le saurait encore si, parmi les hommes résolus qui se consultaient à cette heure d'angoisse pour savoir si leur devoir n'était pas d'aller combattre derrière les barricades, quelques-uns ne se souvenaient de vous avoir vu tout à coup apparaître au milieu d'eux, sauf à disparaître quand, la fortune s'étant prononcée, la police est venue plus tard pour les saisir au nom du vainqueur. Croyez-moi, ne vous vantez pas trop d'un zèle si tardif, et, dans votre enthousiasme rétrospectif, n'allez point, par égard pour vos amis d'Italie, jusqu'à établir, entre cette heureuse conspiration et l'entreprise de Garibaldi, une comparaison qui ne serait peut-être pas du goût du patriote de Caprera. Une chose m'étonne, c'est que le duc d'Orléans, mon grand-père, n'ait pas trouvé grâce devant vous, qui avez siégé, comme lui, au côté gauche d'une assemblée républicaine. Là s'arrête, il est vrai, l'analogie de vos destinées. Lancé sur une pente fatale, il ne sut pas résister à de déplorables entraînements : il expia sa faute. Il sortit de la Convention nationale pour monter à l'échafaud, et vous n'êtes descendu des bancs de la Montagne que pour entrer dans la somptueuse demeure où le duc d'Orléans était né.

Dans la première explosion de votre loyauté monarchique, vous avez voulu envelopper aussi les descendants dans l'anathème dont vous frappiez l'aïeul. Le sténographe a fait disparaître ce fragment de vos imprécations, et n'ayant pas eu la satisfaction de vous entendre, je ne sais pas les termes dont vous avez pu vous servir ; je ne connais que ce seul mot : *les princes d'Orléans !* Vous compreniez sans doute sous cette désignation générique le roi Louis-Philippe, auquel, dans la pureté de vos opinions sur le droit héréditaire, vous ne sauriez peut-être accorder le caractère royal. Avez-vous entendu lui reprocher d'avoir combattu pour la France en 1792, et d'avoir vigoureusement conduit sa division à Valmy et à Jemmapes? Ou bien trouvez-vous qu'il fût trop libéral sous la Restauration, et qu'il ait donné de trop sages conseils au roi Charles X ? Car vous savez bien qu'il n'a jamais conspiré. Prétendez-vous qu'il aurait dû condamner la révolution de Juillet, la plus pure de toutes nos révolutions, et refuser d'occuper le trône vacant, où l'appelaient les représentants de la nation ? Quant à ses fils, vous les blâmez sans doute de n'avoir pas fait canonner la garde nationale de Paris en 1848, ou de n'avoir pas essayé de ramener l'armée d'Afrique ; d'avoir, en un mot, préféré l'exil à la guerre civile, quand ils croyaient que la France pourrait avoir bientôt besoin du sang de tous ses enfants ; et combien d'ailleurs tous les esprits, habitués au doux mouvement du gouvernement libre, étaient éloignés alors de ces dures maximes et de ces pratiques impitoyables que le spectacle corrupteur de tant de violences heureuses a fait depuis ce temps-là pénétrer dans tous les cœurs!

Ah ! quand vous pensez à la révolution de Février, je conçois votre colère. Si elle eût éclaté quelques mois plus tard, elle eût trouvé *votre père* à la Chambre des Pairs, pourvu d'une bonne dotation reversible sur votre tête. Auriez-vous, par hasard, oublié les démarches faites par le roi Jérôme et par vous, leur heureux succès en 1847, la faveur qui fut accordée de rentrer en France, d'où la loi vous bannissait, et l'accueil plein de bienveillance qui vous fut fait à Saint-Cloud? Mais,

parmi les huissiers qui remplissent l'antichambre de
l'Empereur, vous pourriez reconnaître celui qui vous
introduisit dans le cabinet de Louis-Philippe, lorsque
vous veniez le remercier de ses bontés et en solliciter
de nouvelles.

Ouvrez *l'Annuaire militaire*, regardez la liste des
généraux en retraite. Vous y trouverez le nom de l'aide
de camp de ce même roi qui, en 1830, fut chargé de
recevoir à Paris la reine Hortense et son fils, aujour-
d'hui votre empereur. Le roi avait violé la loi en per-
mettant à votre tante d'entrer en France, et qui pis
est, il l'avait fait à l'insu de ses ministres : c'est, je
crois, le seul acte inconstitutionnel qu'on puisse lui
reprocher. Mais il y a dans cette aventure quelques
détails qui méritent de vous être rapportés.

Le lendemain du jour où le roi des Français avait
donné audience à la reine Hortense, il y avait conseil
des ministres. « Quoi de nouveau, messieurs ? dit le roi
en s'asseyant. — Une nouvelle fort grave, Sire, reprit
le maréchal Soult ; je sais, à n'en plus douter, par les
rapports de la gendarmerie, que la duchesse de Saint-
Leu et son fils ont traversé le midi de la France. » Le
roi souriait. « Sire, dit alors M. Casimir Périer, je puis
compléter les renseignements que le maréchal vient de
vous fournir. Non-seulement la reine Hortense a traversé le midi de la France, mais elle est à Paris : Votre
Majesté l'a reçue hier. — Vous êtes si bien informé,
mon cher ministre, reprit le roi, que vous ne me laissez
pas le temps de vous rien apprendre. — Mais moi, Sire,
j'ai quelque chose à vous apprendre. La duchesse de
Saint-Leu ne vous a-t-elle pas présenté les excuses de

son fils retenu dans sa chambre par une indisposition ?
— En effet. — Eh bien ! rassurez-vous, il n'est pas
malade : à l'heure même où Votre Majesté recevait la
mère, le fils était en conférence avec les principaux
chefs du parti républicain, et cherchait avez eux le
moyen de renverser plus sûrement votre trône. » Louis-
Philippe ne tint pas compte de cet avis ; mais, les
menées continuant, le ministre, un peu plus indépendant que ceux qui exposent aujourd'hui si clairement
aux Chambres les intentions de votre cousin, prit sur
lui de mettre fin au séjour de la reine Hortense et de
son fils.

A mesure que j'écris, vos griefs contre la maison
d'Orléans me reviennent à la mémoire. Il y a une de
vos maximes de gouvernement, maxime essentielle,
que Louis-Philippe, trop débonnaire à votre gré, a
négligé d'appliquer : « Que des légitimistes, avez-vous
dit, ou des républicains exaltés venant d'Angleterre
(vous oubliez les orléanistes, mais je vous fais grâce de
l'omission, que je tiens pour purement accidentelle),
essaient donc de faire avec mille ou quinze cents
hommes une descente sur nos côtes ; nous les ferions
bel et bien fusiller. » Or, sous le gouvernement de
Juillet, il y a eu une incursion à Strasbourg et une
descente à Boulogne, et il n'y a eu personne de fu-
sillé ! Grave faute sans doute ! Eh bien ! ces d'Orléans
sont incorrigibles, et ce serait à recommencer que je
crois vraiment qu'ils seraient aussi cléments que par le
passé ! Mais pour les Bonaparte, quand il s'agit de
faire fusiller, leur parole est bonne. Et tenez, prince,
de toutes les promesses que vous et les vôtres avez

faites ou pouvez faire, celle-là est la seule sur l'exécution de laquelle je compterais.

Car, il faut en convenir, le gouvernement actuel, si heureux à tant d'égards, a moins de succès dans l'accomplissement de ses promesses. Un seul homme avait prêté serment à la Constitution républicaine : il lui a fallu faire le 2 décembre. On avait dit : « L'empire, c'est la paix. » Et nous avons eu les guerres de Crimée et de Lombardie. En 1859, l'Italie devait être libre jusqu'à l'Adriatique : l'Autriche est encore à Vérone et à Venise. Le pouvoir temporel du Pape devait être respecté, nous savons où il en est, et les grands-ducs attendent toujours leur restauration annoncée par la paix de Villafranca. Je sais qu'il est difficile de tant promettre, et de toujours tenir ; je connais le rôle commode que jouent tour à tour, selon les besoins de la situation, tantôt les anciens partis, tantôt les manifestations des diverses volontés nationales, puis la politique de l'Angleterre, etc. ; qu'il me soit permis d'affirmer seulement que, par le fait des circonstances, l'exécution rigoureuse des engagements pris ne peut pas compter parmi les vertus dont la famille Bonaparte doit nous présenter le touchant faisceau, et ceux auxquels on donne tant à espérer feront bien d'y prendre garde.

A votre philippique contre les Bourbons aînés ou cadets, vous avez fait succéder le panégyrique des Napoléon. Les Napoléon ! au lendemain du procès Paterson, ce pluriel n'a pas laissé de surprendre un peu. Nous sommes depuis longtemps habitués à l'apothéose du grand empereur : nous avons tous lu les *Victoires et Conquêtes*, assisté aux pièces du Cirque, chanté les

chansons de Béranger, écouté avidement les récits des
acteurs, obscurs ou illustres, de l'époque impériale ; et
ce gouvernement de Juillet, dont vous poursuivez avec
tant d'acharnement la mémoire et les représentants,
avait remis la statue de votre oncle sur la colonne,
recueilli ses cendres aux Invalides, couvert de la
vivante image de ses exploits les murs du palais de Ver-
sailles. Mais ne craignez-vous pas de diminuer la taille
du demi-dieu en voulant envelopper sa famille dans son
auréole ? car nous savons aussi ce que les contemporains
pensaient et disaient des frères de l'empereur, et, pour
nous en tenir aux faits les plus saillants, avez-vous
oublié qu'il fallut enlever à Louis la couronne de Hollande, retirer à Joseph le commandement de l'armée
d'Espagne, à Jérôme le commandement du corps qu'il
conduisait en Russie ? N'avez-vous pas un cousin,
Louis-Lucien, si je ne me trompe, qui, au plus fort du
blocus continental, naquit en Angleterre, où son père
était réfugié ? Et Murat en 1814 ? Mais ici je m'arrête ?
car celui-là, au moins, avait cent fois conduit nos esca-
drons à la victoire ; et d'ailleurs, je conserve pour les
vaincus et les morts ce respect que vous ne réclamez
si impérieusement que pour les heureux et les vivants.

Permettez-moi de vous le dire, il y a deux sujets que
vous et vos amis vous reprenez trop souvent : les principes de 89 et les désastres de 1815. Je reviendrai tout
à l'heure à ces principes qui me sont chers, j'aime moins
à parler de 1815. Quand je songe aux prodigieux efforts
que fit le génie de l'empereur pour sauver la France
en 1814, l'admiration et le patriotisme étouffent en
moi tout autre sentiment ; et quand je contemple la

grande infortune du captif de Sainte-Hélène, il n'y a place en mon cœur que pour la douleur et la sympathie. Mais, quand vous exploitez les calamités de la patrie pour en faire une arme de parti, quand vous reprochez à d'autres les traités qui en ont été la conséquence, nous sommes bien forcés de rappeler quel est celui dont les passions et les fautes ont infligé à la France une humiliation sans pareille dans notre histoire. Vous n'aimez pas Louis XIV, dites-vous, à cause du mal qu'il a fait à la France : quel sentiment avez-vous donc pour votre oncle? Louis XIV était, dites-vous, un orgueilleux despote ; son royaume à sa mort était appauvri d'hommes et d'argent; mais je ne crois pas qu'à cet égard Napoléon ait rien à lui envier. Si le grand roi a voulu assurer à Philippe V l'héritage de Charles II, le grand empereur a voulu créer les nouveaux rois d'Espagne, de Hollande, de Naples et de Westphalie, entreprises qui nous ont bien coûté aussi cher que la guerre de la Succession, et qui ne nous ont légué que des prétendants. En fin de compte Louis XIV a laissé la grande monarchie autrichienne irrévocablement dissoute, et la France agrandie de la Flandre, de l'Artois, de l'Alsace, de la Franche-Comté et du Roussillon. L'empereur a légué à la Restauration une France privée des conquêtes de la République, isolée en face de l'Europe, dont la nouvelle organisation politique et militaire était exclusivement dirigée contre nous. Ah! si l'auteur du Concordat et du Code civil, au lieu de se lancer dans d'injustes entreprises, et « de se faire un jeu des peuples et des lois, » avait voulu consacrer son génie à fonder la liberté dans la patrie, s'il avait employé cette puissance de la France, dont il sut faire un si terrible usage, à exercer sur le monde une influence libérale et bienfaisante, vous auriez le droit d'invoquer son exemple et ses préceptes.

Mais, quand vous nous parlez des six cent mille hommes qui étaient toujours prêts à le suivre, vous nous obligez à vous demander où il les a conduits, et ce qu'il en a fait. Comptez combien il en a laissé dans les plaines de Castille et dans les steppes de Russie. Avez-vous jamais, dans vos voyages, traversé la chaussée qui conduit de Leipzig à Lindenau? Vous êtes-vous figuré quelle hécatombe on fit de nos soldats, le 19 octobre 1813, sur cet étroit passage, le seul qui restât ouvert à l'armée en retraite. Car ce même orgueil, qui avait rejeté les propositions de Dresde, n'admettant pas la possibilité d'une défaite, étouffait à la fois la voix du bon sens et celle de l'humanité, et le plus prévoyant des capitaines n'avait pas fait jeter sur l'Elster les quelques ponts qui auraient pu sauver la vie à des milliers de Français. Vous avez toujours 1815 à la bouche; mais vous nous faites souvenir qu'au retour de Waterloo, l'Empereur n'eut qu'une injure à jeter pour dernier adieu à cette armée qui venait de faire des prodiges : « ... Une bataille terminée, une journée finie, de fausses mesures réparées, de plus grands succès assurés pour le lendemain, tout fut perdu par un moment de terreur panique... » Eh bien! quand votre oncle écrivait ces lignes, il savait parfaitement que la victoire n'avait pas été un seul instant, je ne dis pas certaine, mais probable; il savait bien qu'il n'y avait pas eu de panique, et que nos soldats combattaient encore quand il n'y avait plus aucune chance, non de vaincre, mais seulement de résister.

Après la tirade obligée sur 1815, vous invoquez l'autorité de l'empereur, ses actes et ses paroles à l'appui de vos opinions sur le pouvoir temporel du pape et sur la question italienne, et, quoique vous ne permettiez à vos adversaires de citer que des pièces officielles, vous mêlez à des fragments de dépêches adressées par le général Bonaparte au Directoire, ou par l'Empereur au prince Eugène, une longue citation du *Mémorial de Sainte-Hélène* ; encore ne la faites-vous pas complète. Mais prétendez-vous prouver que Napoléon ait mis le pape à Savone et un préfet à Rome par respect pour les droits des peuples ? Il avait placé la couronne de fer sur sa tête, et ce n'est pourtant pas au royaume d'Italie, mais à l'empire français, qu'il avait réuni les Etats du Saint-Siége. Ce n'est pas le mauvais gouvernement du pontife, mais son défaut de docilité qui le choquait. Ecoutez ce qu'il écrivait à son frère Joseph, le 12 mars 1806 : « Je ne veux pas que la cour de Rome entretienne aucun ministre près des puissances avec lesquelles je suis en guerre ; je ne la laisserai jouir de son indépendance et de sa souveraineté qu'à ce prix (*Mémoires du roi Joseph*, X, 102). » Non, votre oncle n'avait pas pour la papauté cette aversion que vous lui supposez. Vous ne pouvez avoir oublié ces curieuses instructions qu'en 1821 le général Bertrand rapporta de Sainte-Hélène au même roi Joseph. Napoléon, à son lit de mort, avait insisté pour que sa famille s'établît à Rome, « s'en emparât et attachât à ses intérêts une théocratie puissante ; elle ne tarderait pas à avoir un pape, des cardinaux (*Mémoires du roi Joseph*, X, 264). » Quelques années de plus, le vœu de Napoléon eût peut-être été rempli ; un de vos cousins aurait pu s'asseoir sur la chaire de saint Pierre, qui probablement alors aurait été mieux défendue.

Et Naples ! vous paraissez croire que l'existence de ce royaume datait des traités de 1815. « Ce sont ces traités, avez-vous affirmé, qui ont dit : Toi, tu seras Napolitain !... » Mais qu'étaient-ils donc depuis le douzième siècle, les habitants des Deux-Siciles ? Qu'étaient-ils au temps si regretté de Joseph et de Murat ? L'empereur a-t-il jamais proposé au peuple de ces belles provinces d'envoyer des députés au Corps législatif italien, si peu de temps réuni, il est vrai ! Ce n'était pas cependant qu'il eût un goût particulier pour l'autonomie de cette contrée. « *Le royaume de Naples m'est nécessaire,* » écrivait-il à son frère ; et il entendait bien que cet Etat vassal fournît des hommes, des contributions, voire des dotations à ses lieutenants et à ses sénateurs. Je ne vous rappellerai pas les recommandations sanguinaires qu'on peut lire à chaque page du tome second des *Mémoires du roi Joseph,* bien qu'il s'agisse ici de documents authentiques, publiés par votre aide de camp, et non de vagues calomnies, comme les raffinements de cruauté que vous reprochez à la reine Caroline. Je ne veux pas exagérer la portée des citations que je pourrais faire ; je suis convaincu qu'en cherchant à stimuler l'énergie de son frère, l'empereur outrepassait sa propre pensée, et je ne puis croire qu'il entendît réellement prescrire tant d'incendies, de massacres et de confiscations. Je ne méconnais pas non plus le bien que les administrateurs français ont pu faire dans l'Italie méridionale, ni les traces profondes que leur passage y a laissées. Mais, en jugeant l'Empereur par ses actes, par ses décrets et ses dépêches, non par ses conversations posthumes en quelque sorte, plus ou moins exactement rapportées, j'ai le droit de dire qu'il ne voulait donner à l'Italie ni la liberté, ni l'unité, ni même l'indépendance.

J'aime à me rappeler, au contraire, quelle influence le gouvernement de Juillet avait exercée sur l'Italie par l'action pacifique de son exemple ; j'aime à me rappeler que lorsque le trône de Louis-Philippe s'est soudainement écroulé, Naples et Florence avaient des institutions constitutionnelles ; que l'ambassadeur du roi des Français, qui avait l'âme comme il avait les traits de Dante, était l'appui d'un pontife libéral, le conseiller et le modérateur de la révolution qui s'opérait à Rome, et le Statut piémontais, qui va devenir la loi de toute la Péninsule, ne procède-t-il pas de la Charte de 1830 ? J'aime encore à me rappeler que, si ce gouvernement s'est écarté une fois de ce principe de non-intervention fondé par lui, et qu'on invoque aujourd'hui plus qu'on ne l'observe, ce fut pour occuper Ancône et pour mettre un terme à la réaction qui ensanglantait les Romagnes. — Ah ! pardon, il y a encore une autre intervention à reprocher au gouvernement de Juillet : à deux reprises il a fait entrer son armée en Belgique. Il est vrai que, lorsqu'il prenait la citadelle d'Anvers, il agissait d'accord avec toute l'Europe, en vertu de ce concert des grandes puissances dont vous ne tenez aucun compte quand vous vous lancez dans les entreprises, et que vous voulez rétablir ensuite pour vous aider à sortir des embarras que vous avez créés! Mais je remarque, prince, que dans votre discours si rempli d'allusions, vous n'en faites aucune à la fondation de ce royaume de Belgique ; vous nous dites même que « les traités de 1815 n'avaient été modifiés que dans le jeu de leurs dispositions favorables à la liberté européenne. » Considérez-vous donc comme une modification si funeste de ces traités la substitution d'un État neutre à ce royaume des Pays-Bas, spécialement créé en haine de la France, placé comme un bastion menaçant devant la plus ouverte de nos frontières ? Ou bien les institutions dont jouit la Belgique vous rendent-elles ce pays si odieux que vous considérez son existence comme un péril ou comme un reproche ? Je ne prétends pas que l'Italie, avec son vaste et populeux territoire, doive se renfermer dans le rôle modeste, quoique plein de dignité, que remplit la Belgique ; mais je souhaite cordialement aux Italiens d'être aussi heureux, aussi bien gouvernés que les Belges, et de savoir pratiquer leurs nouvelles institutions avec autant de sagesse et de succès. Et quand je forme ce vœu, je crois témoigner à nos voisins au delà des Alpes ma profonde sympathie. La France ne doit avoir de malveillance pour aucun peuple ; mais s'il en est un, dans la famille européenne, dont nous ne soyons séparés par aucun préjugé, par aucune rancune, par aucun antagonisme d'intérêt, vers lequel nous soyons attirés, au contraire, par une certaine conformité d'origine, de langue, de religion, de goût et d'habitudes, c'est le peuple italien. Qu'il soit donc libre, indépendant ! qu'il cherche même à réunir par un lien nouveau et plus étroit les parties de ce grand tout séparé depuis quinze siècles ! Je ne vois pas comment on peut lui contester ce droit, pourvu qu'il opère ce travail d'agglomération sans lui donner nulle part le caractère d'une conquête et d'une tyrannie, pourvu qu'il réussisse à établir l'union, l'égalité parfaite entre toutes les fractions dont il se compose encore, pourvu enfin qu'il rassure les consciences catholiques, justement alarmées, et garantisse l'indépendance réelle, efficace du chef vénéré de notre Eglise. Je goûte peu, je l'avoue, les moyens employés depuis dix-huit mois pour arriver à ce but. Je crois qu'on peut professer des opinions libérales sans admirer toutes les entreprises révolutionnaires, et pas plus en politique qu'en religion je n'accepte la maxime « que la fin justifie les moyens. »

Je confesse donc n'aimer guère ni les expéditions secrètement encouragées, publiquement désavouées, et dont on s'empresse ensuite de recueillir les fruits, ni ces invasions soudaines que n'accompagne aucune des formalités salutaires et protectrices consacrées par le droit des gens, ni cet acharnement contre un jeune roi, dont on tient à précipiter la chute dès qu'on le voit entrer dans la voie des réformes, et dont on se hâte de consommer la ruine dès qu'on le voit disposé à se défendre. Et surtout, je le déclare, je ne puis m'incliner et battre des mains quand je vois le général piémontais qui venait complimenter l'empereur en Savoie, accourir de Chambéry, la main encore chaude de l'étreinte du chef de l'Etat, pour écraser cette poignée de Français autorisés par lui à défendre les Etats du Pape.

Et c'est aux victimes de cette funeste rencontre qu'on reproche d'avoir combattu sous un général « séparé, » dit-on, « du gouvernement de son pays ! » Il faut un étrange sang-froid à ceux qui tiennent un tel langage, pour faire semblant d'ignorer que Lamoricière, placé sous la double sauvegarde de son mandat de représentant et d'une vie intègre, glorieuse, pure de toute tache, a été arraché de son lit une belle nuit ; que, perclus de douleurs, résultat non des plaisirs des grandes villes, mais de dix-huit années de bivacs et de campagnes incessantes, il a vu ses membres assujettis dans une de ces étroites cellules où l'on enferme les galériens quand on les conduit au bagne ; qu'on lui a brisé son épée ; qu'il a été jeté en prison ; de la prison mené en exil ; et qu'en mettant son retour au prix de son honneur, on l'a retenu sur la terre étrangère jusqu'à ce que son fils unique soit mort loin de lui. Voilà ce qu'on appelle, dans ce temps de confusion et de mensonge où nous sommes, « un général séparé du gouvernement de son pays ! »

Vous traitez les affaires avec autant d'équité et de sincérité que les personnes ; et, en relevant les apparences du gouvernement parlementaire, vous avez eu de bonnes raisons pour en repousser les réalités. La première nécessité d'un gouvernement qui se met en face d'une assemblée libre, c'est d'avoir une politique avouable et de la défendre contre l'opinion des uns en s'appuyant loyalement sur l'opinion des autres ; mais votre politique a consisté jusqu'ici à tromper tout le monde, en ne refusant des promesses et des espérances à personne. Tous avez deux faces et vous les montrez

toutes deux tous les jours. Vous dites aux catholiques :
« Ne me reconnaissez-vous plus? Je suis le gouvernement qui a fait l'expédition de Rome, qui a accablé le
Pape de ses sympathies, avant, pendant et après la
guerre; qui a signé la paix de Villafranca, qui a ren-
forcé la garnison de Rome, en rappelant son ambassadeur de Turin ; qui seul a maintenu ses vaisseaux devant
Gaëte. » Vous dites aux partisans exaltés de la révolution italienne : « Pourquoi vous défiez-vous de moi
et que vous fait la présence de mes troupes à Rome ?
Avez-vous oublié que j'ai consenti jadis à contre-cœur
à l'expédition de Rome ; que j'ai écrit la lettre à Edgar
Ney ; que la paix de Villafranca a été dans mes mains
une lettre morte ; que j'ai dit : «Bon voyage!» à celui qui
partait pour Castelfidardo ; que j'ai rappelé après tout
ma flotte de Gaëte, et qu'il n'y a plus aujourd'hui ni
Etats romains, ni royaume de Naples? » Enfin, vous
tournant vers la France, et lui montrant les deux partis
caressés et trompés tour à tour, vous tirez de la confusion même de vos actes une dernière vanité; vous
érigez ce conflit de contradictions en système, et vous
dites : « Voyez comme l'on se plaint de moi! Ne suis-
je pas la modération en personne? N'ai-je pas su garder
un sage équilibre? N'est-ce pas le juste-milieu ressus-
cité? Casimir Périer serait content. » Et c'est pour
jouer un rôle dans cette comédie, à la face de l'Europe,
que vous avez rendu la parole aux députés de la
France ! Mieux valait laisser par terre, comme vous
l'avez fait depuis dix ans, les débris de la tribune brisée
sous la main un instant égarée de vos soldats?

Je ne conteste pas votre force ; j'en sens tout le poids

à l'arrogance de votre langage et à mes inquiétudes
pour l'avenir de mon pays; mais j'en sais aussi l'origine,
et vous ne la déroberez jamais, cette origine, aux yeux
de la France. Vous parlez volontiers de l'abaissement
militaire de notre pays sous les gouvernements qui se
sont succédé depuis 1815; mais c'est une calomnie, et
vous le savez. Vous avez trouvé debout ces fortifications
de Paris qui avaient si cruellement fait défaut à votre
oncle. Dieu veuille que nous n'ayons jamais besoin de
les défendre! Mais elles n'en donnent pas moins, dès
aujourd'hui, à notre pays une liberté d'action qui lui
manquait avec une capitale ouverte. Vous avez trouvé
des cadres, des soldats, une armée éprouvée par une
guerre avantageuse à la civilisation, pure de toute injustice et de tout péril pour la France et pour l'Europe. Je sais que vous n'avez pas visité cette Algérie
dont les destinées vous ont été un moment confiées.
Vous vous êtes borné à lancer de Paris un certain
nombre de décrets, et vous avez laissé le soin de les
mettre en œuvre à un successeur qui a quitté la partie
après un an d'infructueux efforts pour sortir du chaos;
si bien qu'il n'a fallu rien moins que la main du vainqueur de Sébastopol pour rétablir dans notre colonie
un peu d'ordre et de sécurité. Mais si vous n'avez pu
dérober quelques jours à vos occupations parisiennes
pour les consacrer à cette France d'outre-mer, vous
avez eu du moins l'inestimable bonheur de voir débar-
quer nos légions d'Afrique en Crimée; si vous n'avez
pu les suivre jusqu'à la fin de leurs glorieux travaux
devant Sébastopol, vous avez pu du moins entendre ra-
conter leurs exploits à Magenta et à Solferino, retenu

non loin d'elles, comme vous l'avez expliqué, par le soin de rechercher le matériel de guerre de la duchesse de Parme. Certes, si le gouvernement de Juillet a commis des fautes, on ne mettra pas au rang de ses fautes la vaillante armée qu'il a léguée à la France, et qu'il n'a jamais songé à s'approprier d'une façon particulière ou à tourner contre les lois.

Ce sera là un honneur que vous n'enlèverez point à ce gouvernement et qu'on ne peut effacer avec des injures. Il parlait moins que vous des principes de 1789, mais il les pratiquait davantage ; il ne faisait point de leur étalage une cause de trouble et d'anxiété pour le monde ; mais il faisait de leur application une source d'ordre, de liberté et de prospérité pour la France. Il *ne disputait aux représentants du pays ni la discussion détaillée du budget, ni l'action directe du Parlement sur des ministres responsables* ; et ce n'est pas à lui qu'on eût fait l'insulte de considérer comme un progrès le décret du 24 novembre. Ses lois les plus rigoureuses étaient ces lois de septembre, qui seraient acceptées aujourd'hui comme un affranchissement et comme une grâce ; mais aux jours de ses plus grands périls, et quand la vie de son chef était pour la dixième fois menacée, il eût reculé avec répugnance devant la loi de sûreté générale. C'est peut-être la faute *du vieux sang français* qui coule dans mes veines ; mais de même, prince, que les *attentibili* de Naples excitent votre indignation et votre pitié, je ne puis penser sans la plus vive douleur qu'au moment où j'écris, un Français peut être arraché sans jugement à sa famille, à ses amis, pour mourir dans une captivité lointaine ! Que dis-je ?

sans jugement ! c'est en secret qu'il faut dire, et sans qu'une simple mention au *Moniteur* apprenne à tous qu'une décision administrative vient de retrancher sommairement un citoyen de la patrie. Et vous appelez cela calmer les haines intestines, et fermer les plaies de nos révolutions ! Il y a dans cette conduite autant de prévoyance et autant de loyauté que dans votre politique étrangère.

Vous rêvez de grands bouleversements en Europe. Moi je forme un vœu pour la France : c'est que mon pays sorte d'un état où il peut être lancé dans des entreprises qu'il n'a pas approuvées à l'avance ; où il peut s'endormir sous le régime de la protection et se réveiller dans les bras du *libre échange*, passer sans transition de la paix à la guerre, de la prospérité à la ruine ; c'est enfin qu'il soit délivré du « *bon plaisir*, » quelle que soit la forme sous laquelle on en a déguisé le retour. Quand la nation, quand chaque Français jouira de la même sécurité, de la même liberté, de la même inviolabilité, alors on aura droit d'inscrire en tête de notre Constitution les principes de 89, dégagés des utopies de 91, des crimes de 93, et de l'hypocrisie d'une autre époque.

Je m'arrête ; c'est une douleur inutilement ajoutée à celle de l'exil, que de fixer trop longtemps sa vue sur les maux et sur les dangers de son pays ; mais, vous qui traitez avec l'arrogance de la bonne fortune, et avec l'injustice inhérente aux succès immérités, ces races antiques qui ont régné longtemps sur une nation généreuse, et qui, tour à tour rejetées et ramenées par le flot des révolutions, s'étaient enfin associées à sa liberté, comme jadis à sa grandeur ; vous qui jouissez du fruit accumulé de tant de travaux, de tant de sagesse et de tant de gloire, et qui le mettez tous les jours en péril, sachez bien que si vous ne sortez pas des mauvaises voies où vous êtes si profondément engagés, ce n'est pas aux Bourbons ni aux d'Orléans auxquels on n'a jamais pu du moins adresser un tel reproche, c'est à vous et aux vôtres qu'on pourrait alors renvoyer les paroles de votre oncle au Directoire : « Qu'avez-vous fait de la France ? »

HENRI D'ORLEANS.

·15 mars 1861.

N. B. Des raisons que tout le monde comprendra, ont retardé de quelques jours l'impression de cet écrit.

JUGEMENT RENDU DANS LE

PROCES

DE

DUMINERAY ET BEAU

ÉDITEUR ET IMPRIMEUR

DE LA BROCHURE DE S. A. R. LE DUC D'AUMALE,

RÉQUISITOIRE DE Mᵉ DUCREUX,

Plaidoiries de Mᵃ Dufaure et Hébert

« Le tribunal,

« En ce qui touche Lemercier-Dumineray :

« Attendu qu'en avril 1861 Lemercier-Dumineray a publié et vendu une brochure intitulée : *Lettre sur l'Histoire de France*, adressée au prince Napoléon et signée Henri d'Orléans, qui, contenant une attaque bien plus qu'une défense, constitue dans son ensemble un véritable manifeste contre le gouvernement, auquel elle impute des intentions, des tendances et des actes contraires à la fois à ses devoirs, aux intérêts et à l'honneur du pays ;

« Que, notamment à la page 12, elle accuse le gouvernement de donner au pays *le spectacle corrupteur de tant de violences heureuses qui ont fait pénétrer dans tous les cœurs de dures maximes et des pratiques impitoyables ;*

« Qu'à la page 15, dans le passage commençant par ces mots : *Je sais qu'il est difficile*, etc., elle impute au gouvernement de toujours promettre avec le dessein préconçu de ne jamais tenir, et qu'aux pages 25, 26 et 27, persistant dans la même idée et la développant, elle dénature et travestit les faits contemporains pour y trouver le prétexte de rendre le gouvernement responsable du mal qui s'est fait et du bien qui ne s'est pas fait, et change sa modération en duplicité ou en faiblesse, pour le signaler à la fois à l'animadversion des consciences alarmées et aux ressentiments des révolutionnaires exaltés ;

« Que dans le même passage, trouvant un sujet de blâme dans ce qui devrait être, aux yeux de tous les partis, un sujet d'éloge, elle ne voit qu'une comédie jouée à la face de l'Europe dans les actes qui ont rendu aux grands corps de l'Etat le droit de discuter les actes et la politique du gouvernement, droit dont il a été fait un si sérieux et complet usage ;

« Qu'à la page 30, dans le passage qui commence par ces mots : *Quand la nation*, etc., elle refuse au gouvernement *le droit d'inscrire en tête de notre Constitution les principes de 1789, dégagés des utopies de* 1791, *des crimes de* 1793 *et de l'hypocrisie d'une autre époque*, lui imputant ainsi d'une manière détournée d'abandonner les principes dont il est l'expression vivante ou de s'en parer avec hypocrisie ;

« Que de pareilles imputations, que nul n'a le droit de diriger contre les pouvoirs établis, sont évidemment faites dans le but intéressé d'aliéner les cœurs et d'égarer les esprits, et que, en publiant et en vendant l'écrit qui les renferme, Lemercier-Dumineray a excité à la haine et au mépris du gouvernement, et commis le délit prévu et puni par l'article 4 du décret du 11 août 1848 ;

« En ce qui touche Beau :

« Attendu qu'il est judiciairement établi que Beau, qui a imprimé la brochure incriminée, s'est rendu complice du délit ci-dessus spécifié, en fournissant à Lemercier-Dumineray les moyens de le commettre, et en aidant et assistant celui-ci, avec connaissance, dans les faits qui ont préparé, facilité et consommé ledit délit ;

« Faisant application aux deux prévenus de l'article 4 du décret du 11 août 1848, et à Beau des articles 59 et 60 du Code pénal ;

« Condamne Dumineray à une année d'emprisonnement et 5,000 fr. d'amende ;

« Beau à six mois d'emprisonnement et 5,000 fr. d'amende ;

« Ordonne la confiscation de la brochure saisie. »

LETTRES DE VERAX [1]

(1) Ces lettres ont été publiées, sous le pseudonyme de Verax, en deux séries, dans le journal l'*Étoile belge*; la première série, du 9 août au 18 octobre 1865; la seconde, du 21 janvier au 30 avril 1866.

La première série a été réunie pour la première fois en brochure en 1866. Elle est portée au catalogue de la librairie européenne C. Muquardt, avec cette note : « On attribue cet ouvrage à un auguste exilé. »

LETTRES DE VERAX

PREMIERE SÉRIE

LETTRE I

Vous avez enfin rompu ce long silence : voilà plus de dix ans que vous promenez sous tous les cieux votre fier ennui, et que vous tenez rigueur à ceux qui, comme moi, n'ont pas eu le courage de quitter la France. Nous étions de l'avis de Danton, qui pensait qu'on n'emporte point sa patrie à la semelle de ses souliers : vous, ne croyez point à la patrie sans la liberté. Vous avez pris pour votre devise ce beau vers d'un proscrit qui, parlant de ceux qu'aucune promesse, aucune caresse ne ramènerait dans leur pays, s'écriait un jour fièrement :

S'il n'en reste plus qu'un, je serai celui-là !

Je ne suis pas bien sûr qu'à toutes les douleurs de
votre long exil, ne se soit parfois mêlé je ne sais quel
mépris, plus douloureux que tout le reste, pour ces
amis de votre jeunesse qui sont demeurés comme moi
sur le champ de bataille où ils avaient été vaincus, se
consolant de sa défaite en jouant avec les fleurs écloses
sur les tombes où gisaient toutes leurs espérances et
toutes leurs ambitions. Vous êtes un Romain, mon vieil
ami, et moi

> Je rends grâces aux dieux de n'être point Romain,
> Pour conserver encor quelque chose d'humain.

Pourtant, vous-même, enfin, vous m'écrivez, vous
me questionnez ; vous voulez savoir ce qui se passe où
vous n'êtes plus. Votre curiosité a vaincu votre fierté.
Vous ne voulez pas encore revenir dans le château où
vous avez vu s'endormir la Belle au Bois-Dormant ;
mais de loin vous avez entendu je ne sais quelles ru-
meurs, l'écho lointain de cors, de voix étonnées qui
s'appellent. Vous me demandez si vous êtes ou non le
jouet d'un rêve, si ces bruits, si ces murmures doivent
s'évanouir dans un lugubre silence, ou s'ils sont les
avant-coureurs de joyeuses fanfares. Eh bien ! croyez-en
vos oreilles, elles ne vous ont pas trompé. Oui, le fatal
silence est rompu ; un nouveau souffle de jeunesse et de
vie a passé dans ces lieux où vous aviez tout laissé
terne, immobile et glacé. Nous en sommes encore à la
lutte des rayons et des ombres ; mais les ombres pâlis-
sent et les rayons se dorent. Ils se glissent encore timi-
dement par les fissures, à travers l'entrebâillement des
lourds rideaux ; ils jouent sur la cime des montagnes,

tandis que les vallées sont encore plongées dans la nuit ; mais bientôt leur pointe aura partout pénétré ; bientôt ils inonderont toute chose, et nous rendront une de ces aubes glorieuses qui sont les fêtes de l'homme comme du ciel.

En attendant le grand soleil, je tiens allumée ma petite lampe ; moins difficile que Diogène, je ne m'en sers point pour chercher un homme ; depuis quinze ans j'aurais eu à faire de trop longs voyages. J'en use uniquement pour ne point me perdre : je regarde autour de moi, comme ferait un naturaliste. J'étudie le *genre* bonapartiste et l'*espèce* Haussmann ; je catalogue les discours de M. Duruy, le plus libéral des ministres, qui trouve que son maître est le *plus libéral de tous les maîtres*; je mets des épingles aux quolibets de M. Dupin, ce nouveau Caton, qui demande des lois contre les fausses *tournures*, et qui n'en demande pas contre les faux serments ; je dissèque l'éloquence des Billault, des Rouher, et la réduis à ses éléments constituants ; je médite sur la différence entre les ministres à portefeuille et les ministres sans portefeuille ; j'*observe* par quelles métamorphoses un ancien saint-simonien peut être converti en sénateur, un ex-commissaire de la République en commissaire de police ; je me demande combien il faut d'impudence, de naïveté et de rhétorique pour faire un petit Mirabeau, qui se croit complet quand il a accepté une invitation à dîner de l'impératrice-régente ; je m'amuse à classer les journaux officiels, semi-officiels, officieux, agréables ou purement serviables. Quand l'empereur écrit une de ces lettres qui éclatent de temps en temps au *Moniteur* pour réveiller les trente-six millions de Français, je compare les articles de ces journaux avant la lettre et après la lettre; je suis nos hommes d'État dans leurs différentes manières; je me suis fait Démocrite pour n'être point Héraclite; tel nom qui vous fait tressaillir et qui fait passer un éclair dans vos yeux, n'obtient plus de moi qu'un sourire. J'ai appris à ne plus m'étonner, et l'indignation n'est qu'une forme de l'étonnement. Je suis même arrivé à regarder tout ce que je vois « avec une sorte de gaieté, » comme M. Rouher a osé dire sur la tombe de M. de Morny que celui-ci avait participé au coup d'État. C'est avec une sorte de gaieté que j'ai lu le discours du prince Napoléon à Ajaccio, et la lettre que lui a adressée en réponse son impérial cousin; c'est même avec une sorte de gaieté, qui le croirait? que j'ai lu la préface de la *Vie de César*, et me suis rappelé que César avait fermé la porte de la France à Condé.

Je crains bien que cette gaieté dont je parle ne soit pas précisément cette vaillante bonne humeur qui suit le soldat au milieu des désastres, le marin dans le naufrage, qui faisait dire à M. de Cavour, au lendemain du traité de Villafranca, en parlant de l'allié qui trompait ses ambitieuses espérances : « Bah! il s'est jeté à l'eau avec moi, il faudra qu'il nage, » (et nous savons qu'il l'a fait nager un peu loin) notre gaieté, hélas! est plutôt notre dernière défense contre l'insolence de la fortune; c'est le sourire du gladiateur qui voulait mourir avec grâce devant les dames romaines. Je puis bien le dire à vous, notre indifférence n'est qu'un masque; la frivolité de notre jeunesse cache une blessure toujours saignante; elle souffre d'un mal qu'elle ne peut ni oublier ni guérir. Combien en est-il parmi nous qui se sentent en France aussi exilés que vous l'êtes loin de la France? Émigrés, nous ne le sommes ni l'un ni l'autre; exilés, nous le sommes tous les deux. Nous sommes tous, comme vous, des témoins et non des acteurs. Nous ne jouissons pas du privilége des étrangers qui entrent partout tête haute, regardent tout, se mêlent de tout juger ; nous sommes pareils à des comparses de théâtre, qui doivent garder une attitude et qui sont mis à l'amende s'ils oublient un moment leur rôle. Il faut sourire d'un air d'intelligence au ténor, tendre la main au baryton, saluer la reine jusqu'à terre, et tirer l'épée contre le traître. Encore les comparses ont-ils les coulisses où ils peuvent causer entre eux ; on en a vu d'assez audacieux pour prétendre que la reine avait manqué son entrée et que l'*ut* de poitrine du ténor commençait à être bien usé. Ils peuvent se réunir à plus de vingt-cinq dans le fond du théâtre pendant les entr'actes; il ne leur est défendu ni de lire ni de comprendre les pièces où on les fait paraître. Nos coulisses à nous, où sont-elles? Est-ce dans les magasins des libraires, où l'on vient faire main-basse sur les livres que nous publions? dans les bureaux des journaux, où entre si souvent, sans frapper à la porte, certain monsieur vêtu de noir, ambassadeur extraordinaire des puissances inférieures qui gouvernent l'empire de l'esprit? Est-ce dans notre domicile, dont la police a toujours une clef dans sa poche? Est-ce au local des lectures de la rue de la Paix, où M. Duruy ne permet point à Prévost-Paradol de parler de Montaigne? Est-ce dans nos salons, où se tient toujours aux aguets cer-

tain chevalier de plusieurs ordres, personnage doux et
énigmatique, dont il n'y a rien à dire, mais qui a beaucoup à dire ? Nous sommes tous soumis à une surveillance savante, patiente et muette ; on nous protége
sans cesse contre nous-mêmes, contre nos entraînements,
contre nos passions. Aussi nous sommes devenus pareils
à ce lièvre de la fable : « Un souffle, une ombre, un
rien, tout lui donnait la fièvre. » Si l'on nous dit : « Il
faut que les bons se rassurent, et que les méchants
tremblent, » tout le monde se met à trembler. Quand
on a fait la loi de sûreté générale, l'inquiétude a été
beaucoup plus générale que la sûreté.

Ces longues années passées dans les regrets, les mé-
fiances, l'isolement, l'inaction, ne nous ont point, je le
crains, bien préparés aux luttes viriles de la liberté :
elles n'ont pourtant pas, je le crois, été entièrement
perdues ; elles nous ont ôté mainte illusion ; elles ont
dissipé maint préjugé ; elles nous ont forcés à rentrer en
nous-mêmes et à chercher dans la conscience individuelle la source première de tout progrès politique et
social. Elles ont aiguisé en nous le sens de la critique
et de l'observation. On ne dira pas de nous, un jour, je
l'espère, que nous n'avons rien appris ni rien oublié.
Je voudrais qu'on pût dire que nous n'avons rien
oublié, mais que nous avons beaucoup appris. En ce
temps de politique officielle, de grands et de petits
Moniteurs, d'avertissements à la presse, il n'est aucun
de nous qui ne fasse chose utile en notant ce qui frappe
ses regards, et ce qu'il entend. Je vous enverrai donc
quelquefois des photographies politiques qui n'auront
d'autre prétention que d'être exactes. Se connaître soi-

même est aussi important pour un peuple que pour un individu ; or, nous ne faisons guère autre chose, mes amis et moi, depuis dix ans, que de nous perfectionner dans cet art de l'observation politique. La foi, l'enthousiasme, le sentiment, font des miracles que nous ne ferons jamais sans doute ; ces fleurs brillantes, les plus pures et les plus nobles qui croissent dans l'âme humaine, ont été chez nous brutalement écrasées quand elles commençaient à peine à germer ; rien n'est venu depuis relever leur tige désséchée, ni leur calice pâli. Nous sommes comme des anatomistes obligés de promener le scalpel dans leur propre chair. Notre triste science, si chèrement achetée, est tout ce qui nous reste ; puisse-t-elle quelque jour nous servir à fonder sur une base plus solide l'avenir et le bonheur des générations futures ! Aujourd'hui nous n'avons rien à faire qu'à poser nettement les problèmes, lors même qu'ils ne devraient pas être résolus pour nous et en notre faveur. Si, dans ce que j'aurai à vous dire, quelque chose blesse votre cœur chatouilleux, ne m'épargnez point. Je m'honorerai plus d'un de vos reproches que je ne ferais des applaudissements de beaucoup d'autres. Nous aimons tous les deux le bien, la justice, la vérité : nous l'aimons assez pour comprendre la dissidence sur des points secondaires. L'uniformité des opinions ne va qu'avec la servitude.

LETTRE II

Y a-t-il encore des partis en France? J'imagine qu'on n'obtiendrait pas la même réponse à cette question, si on l'adressait à M. Drouyn de Lhuys ou à M. de Lavalette. Au diplomate qui la poserait avec une sournoise indiscrétion, le ministre des affaires étrangères montrerait fièrement la France aussi unanime que puissante, n'ayant qu'une âme et qu'une voix, n'accordant pas même un moment d'attention à quelques Cassandres méprisés qui lui adressent de timides conseils, et s'abandonnant aveuglément à celui qui a reçu le dépôt de ses destinées. Pour le ministre de l'intérieur, c'est autre chose, qu'il se nomme Lavalette, Boudet ou Persigny. Il a sur les vieux partis un thème tout fait : c'est sur eux, sur leur obstination sénile, sur leurs manœuvres déloyales, sur leur injustice, sur leurs mauvais desseins qu'il fait tomber la responsabilité de tous ses actes de rigueur. Libéral, saurait-on l'être plus que lui? Il pourrait décliner ce substantif *libertas*, *libertatis*, dans toutes les langues vivantes, et même dans toutes les langues mortes; il admire la liberté chez tous nos voisins et surtout chez les Anglais; autant que nous, il éprouve à sa vue le supplice de Tantale; s'il ne nous permet pas d'en approcher, c'est uniquement afin de préserver de l'atteinte des vieux partis ce fruit qui s'écraserait dans leurs mains. Si l'on ne couronne pas l'édifice, c'est que *des mineurs infatigables* en affaiblissent sans cesse les fondements. Des vieilles souches enfoncées dans le sol sortent sans cesse des branches nouvelles qui rampent dans tous les interstices, séparent lentement les assises et viennent étaler leur feuillage insolent jusque sur les frises et les corniches. Cet amour pur, ardent, presque enthousiaste que l'on professe pour la liberté, n'a d'autre frein que la prudence et la nécessité. Aussitôt qu'on a pu le faire sans danger pour l'ordre public, ne nous a-t-on pas donné la liberté de la boucherie? On ira un jour, si les factions désarment, jusqu'à celle de la boulangerie. Et la liberté des théâtres, la comptera-t-on pour rien? Estimons-la bien haut, bien qu'elle ressemble un peu à la liberté qu'un homme aurait de parler soit en vers, soit en prose, à la condition de ne rien dire. On sait ce qui a été fait pour la liberté commerciale et pour la liberté des coalitions. Quant à ces libertés purement politiques qu'un vieux préjugé persiste à considérer comme la garantie de toutes les autres, il ne dépend que de nous de les obtenir; elles nous seront accordées généreusement le jour où les partis cesseront de les réclamer. Accorder la liberté! ah! ce mot seul est une injure, et sommes-nous donc à ce point humiliés, qu'il doive être reçu de nous comme une espérance ?

Ainsi donc et suivant les circonstances, il n'y a plus de partis, ou leur main se trouve partout ; il n'en faut rien craindre, ou il en faut tout redouter ; ils sont totalement impuissants, ou leur opposition empêche tous les progrès, paralyse toutes les intentions généreuses et retient la France, immobile et captive, aux frontières de la Terre Promise. Les partis ne méritent, je crois, « ni cet excès d'honneur, ni cette indignité. » Ils vivent encore, mais leur modestie s'est accommodée à leur fortune. A quelqu'un qui lui demandait ce qu'il avait fait pendant la Terreur, Siéyès répondait : « J'ai vécu. » La réponse serait peut-être trop humble pour nos partis ; non-seulement ils ont vécu, mais ils peuvent quelquefois élever la voix, défendre leurs principes et leur passé. Mais quand les amis du pouvoir s'effraient du bruit de quelques voix plus mélancoliques qu'irritées, ou bien ils veulent donner le change à l'opinion, ou, si leur terreur est sincère, il faut croire que ces voix les trompent en réveillant dans leur conscience les murmures grondeurs et importuns d'un remords. Les plus lucides le savent bien : s'il y a encore des partis, il n'y a plus d'esprit de parti. Un véritable parti doit être pareil à une armée : il faut qu'il ait des cadres, un plan de campagne, et, pour emprunter un terme militaire, un objectif. Ces trois choses font défaut à nos partis.

Je commence par les cadres : nous avons sans doute encore des généraux et des soldats, mais les soldats ne veulent plus obéir aux généraux, et, chose plus bizarre, il y a beaucoup de généraux qui ne veulent plus commander aux soldats. On ne saurait dire que l'indiscipline règne dans l'armée, car il ne saurait y avoir d'indiscipline là où les lois de la discipline ont cessé d'exister. Les conscrits jugent les vétérans avec une impartialité qui ne connaît ni la générosité ni souvent même la justice. Une jeunesse naïve qui se croit forte parce qu'elle n'a jamais essayé ses forces, cache à peine ses dédains pour les blessés et les invalides de la politique. « Cet âge est sans pitié. » Les vieux hommes d'État qui ont laissé échapper le pouvoir de leurs mains et qui s'entretiennent de leurs regrets, ne sont pour ces enfants terribles que des *Burgraves*, des *Mages*. C'est presque avec colère qu'ils repoussent les conseils et l'autorité de ces vaincus qui n'acceptent aucune des responsabilités ni des leçons de la défaite et qui font à leur orgueilleuse infaillibilité une sorte de trophée de tous les maux qui sont venus accabler les générations nouvelles.

On a beau leur dire que sans chef, sans guide, sans lien, presque inconnus les uns aux autres, ils ne sont plus qu'une sorte de poussière vaine que le temps emporte devant lui, ils semblent préférer leur obscurité, l'indépendance sauvage de leurs opinions, leur impuissance hautaine, aux chances d'un combat où ils ne seraient pas au premier rang. On a beau leur représenter qu'en déchirant comme à plaisir la chaîne qui lie les générations, ils rendent plus facile l'œuvre de ceux qui savent qu'il faut diviser pour régner ; arrêtés au seuil de la vie politique au moment où ils allaient y entrer avec toutes les illusions et toutes les espérances de la vie, condamnés à de longues années d'ennui, de solitude et de rêverie, sans passé et peut-être sans avenir, victimes de fautes qu'ils n'ont point commises, *ils ont été pris d'une sorte de sourde colère contre tous les hommes de leur temps.* Ils se disent encore jeunes, mais ils n'ont jamais eu de jeunesse : ils ne veulent ni conseil, ni ami, ni consolation. Ils sont plus vieux que ceux auxquels ils reprochent quelquefois le crime de la vieillesse. Injustes, maladroits, opiniâtres, nourris de chimères, que de reproches ne méritent-ils pas ! Mais ce n'est pas vous qui les leur adresserez : vous savez ce qu'ils ont souffert, et que sous leur humeur difficile s'abrite le sentiment vierge de l'honneur, avec l'amour de la vérité et la haine de toute tyrannie.

Avec des partis ainsi composés, où l'état-major se mêle à peine aux soldats, où chacun est livré à sa propre fantaisie, où il n'y a ni mot d'ordre, ni hiérarchie, ni discipline, comment obtenir une action commune ? On ne s'appuie plus les uns sur les autres, on ne suit aucun plan, on n'entreprend aucune opération suivie. Les divers partis sont aussi sévères les uns pour les autres qu'ils peuvent l'être pour le gouvernement ; ils ne signent point des traités d'alliance offensive ou même défensive, et jamais opposition ne fut moins systématique que la leur. Qui a défendu avec le plus d'ardeur la politique de la France en Italie contre les cardinaux-sénateurs ? Qui a fait valoir les meilleurs arguments en faveur du libre-échange, en réponse à ceux des députés protectionnistes ? Qui a le plus applaudi M. Duruy quand il a parlé de l'instruction primaire, gratuite et obligatoire ? Il est à peine un acte du pouvoir, diplomatique, militaire, législatif, administratif, qui, depuis dix ans, n'ait trouvé, tantôt dans un parti, tantôt dans l'autre, des défenseurs plus éloquents, plus ardents, plus convaincus que dans les rangs mêmes des avocats attitrés du pouvoir. C'est peut-être que ceux-ci, ne sachant pas toujours aujourd'hui ce qu'il faudra louer ou critiquer demain, n'entreprennent qu'avec des arrière-pensées l'apologie d'une politique dont ils‾ ne peuvent saisir toutes les métamorphoses ; c'est aussi que les membres de l'opposition ne consultent plus, dans l'appréciation des hommes et des choses, que leurs préférences et leurs sympathies tout individuelles. Il n'en peut être autrement, car les partis ne poursuivent aucun but immédiat et n'ont, comme je l'ai dit, point d'objectif. Ni les uns ni les autres ne songent à faire aujourd'hui une révolution, ni même à se glisser sans violence au pouvoir.

Il est vraiment peu généreux de s'armer contre eux de rigueur, en évoquant les tristes souvenirs de nos troubles civils ; car ils semblent repousser à l'envi ce fantôme des révolutions, qu'on fait sans cesse apparaître à leur suite. Les républicains, qui jadis descendaient si volontiers dans la rue, n'ont pas fait mine une fois, depuis l'établissement de l'empire, de vouloir essayer leurs forces contre les nouvelles bastilles, qui complètent si heureusement [les embellissements de Paris, en mêlant, comme le voulait l'esthétique des Grecs, l'idée de la force à celle de la beauté. L'immense armée d'ouvriers de M. Haussmann se contente de voter, les jours d'élection, contre les amis de M. Haussmann ; le reste du temps, elle travaille ou fait des grèves, lit le *Petit Journal,* assiste aux *circenses* que presque sans interruption l'on accorde à sa curiosité blasée. Quelles pensées, quels rêves traversent l'esprit du sphinx populaire? Je ne connais aucun Œdipe qui pourrait le dire ; je sais seulement que ses griffes coupées ne repoussent plus, que dans ses yeux vagues on voit à peine passer de temps à autre un éclair, et que sa croupe assouplie peut être ou flattée ou frappée sans *la moindre témérité.* Si rien ne ride aujourd'hui la mer du faubourg Saint-Antoine, longtemps si agitée et si féconde en naufrages, on ne s'attendra pas sans doute à voir éclater les tempêtes sur le marécage dormant du faubourg Saint-Germain ou sur les étangs de la Chaussée-d'Antin et du faubourg Saint-Honoré. J'ai rencontré quelquefois, c'est vrai, des groupes agités et bruyants, que des sergents de ville essayaient en vain de disperser. La passion la plus vive s'y peignait sur tous les visages; les gestes, la voix exprimaient l'impatience et la fureur. Je m'approchais, mais dans la mêlée des interjections gutturales, mes oreilles ne saisissaient plus que des mots de ce genre : Mobilier, fin courant, dônt deux sous ! — Je m'éloignais sans trop chercher à comprendre ce mystérieux jargon, mais convaincu qu'il n'avait rien de séditieux et que « dont deux sous » ne donnerait jamais le signal d'une révolution.

C'est donc surtout pour les partis qu'on peut dire avec raison : « l'Empire, c'est la paix, » et à vrai dire, cette maxime n'a été vraie que pour les partis. Ils attendent : ils ont attendu pendant treize ans. Ils n'ont jamais violé les lois, jamais fait un appel aux mauvaises passions. Le mot de légalité est sans cesse dans leur bouche. Enfermés dans le cercle le plus étroit que jamais Constitution ait tracé, ils n'essaient point de le franchir. A peine ont-ils de l'ambition, car les seuls objets qu'ils trouveraient dignes de leur ambition sont si hauts et si loin que, du point où ils sont, ils ne peuvent espérer les toucher. Ainsi les chœurs du drame antique étaient seulement admis à faire des réflexions morales sur les événements, et servaient de simple écho à cette fatalité mystérieuse devant laquelle s'inclinaient les dieux comme les hommes.

Ai-je trop chargé les couleurs dans ce rapide tableau? J'ai montré les partis déshabitués de l'action quotidienne, privés de direction, ne songeant point à travailler pour le lendemain, plus occupés de leurs regrets que de leurs espérances et laissant ces dernières errer à des distances où elles semblent parfois s'évanouir. J'ai fait voir des armées sans chefs, sans discipline et sans armes; que leur reste-t-il donc, me direz-vous? C'est ce que j'essaierai de vous dire dans une lettre prochaine. Je terminerai celle-ci par ces beaux vers de Corneille :

> Notre malheur est grand, il est au plus haut point;
> Je l'envisage entier, mais je n'en frémis point.

LETTRE III

L'homme, dit l'Évangile, ne vit pas seulement de pain : cela est vrai aussi des gouvernements. La force matérielle ne leur suffit point : ils doivent, pour être durables, avoir un allié insaisissable, que la force ne peut retenir, qui échappe à toutes les entraves et se joue de toutes les polices, je veux parler de cette intelligence supérieure qui est, pour ainsi dire, l'âme d'un pays. Cet allié a manqué à l'empire : il est resté dans le camp des adversaires. Je ne prétends pas que le despotisme impérial soit inintelligent : j'avouerai même, au risque de blesser des antipathies intolérantes, qu'il a parfois fait preuve d'une singulière habileté ; mais son intelligence n'est point en harmonie avec l'intelligence de la France : longtemps elles ne se sont pas comprises, et dès qu'elles se sont comprises, elles ne se sont plus aimées.

La nombreuse et tourbillonnante pléiade de nos esprits les plus brillants se sent repoussée, loin d'être attirée par l'astre solitaire, immobile, sans chaleur et sans couleur, qui cherche en vain à la retenir. Je ne prétends pas non plus que dans les rangs de l'administration française il ne se trouve de très-hautes capacités; mais nos fonctionnaires appartiennent plus au pays qu'au gouvernement, bien que celui-ci, abusant de leur pauvreté et de leur sujétion, en fasse trop aisément ses serviteurs complaisants. Les gouvernements se suivent et l'administration demeure, plus libérale sous un gouvernement libéral, plus tyrannique sous un gouvernement tyrannique. Je ne sais qui disait un jour plaisamment : « Il n'y a plus en France que des fonctionnaires, des factionnaires et des actionnaires. »

On a dit beaucoup de mal du fonctionnaire, et je lui ferai peut-être aussi quelque jour son procès ; mais en ce moment, je ne puis le considérer que comme un rouage dans une machine qu'il n'a pas lui-même dessinée et dont il ne saurait modifier le jeu ni le principe d'action. Son intelligence est toujours plus ou moins servante ; l'intelligence dont je parle est celle qui plane au-dessus des affaires de détail, qui aspire à conduire la nation elle-même, à dicter sa législation, à inspirer les actes les plus élevés de sa politique intérieure et étrangère, qui, montant encore plus haut, fait appel à ses aspirations les plus désintéressées et l'entraîne par moment jusqu'aux frontières du monde idéal.

Dans le pays de Montesquieu, de Voltaire et de Mirabeau, cette intelligence ne se soumettra jamais plus au despotisme pur et simple, et elle a trop de finesse pour ne point percer les voiles dont s'entoure un despotisme qui se prétend libéral. Elle sait ce qu'il faut penser de ces amis de la liberté qui ont inventé le régime des avertissements et rédigé la loi de sûreté générale. Victime, elle consent à l'être, mais elle se refuse à être dupe. Elle connaît sa force secrète, elle sait que rien ne peut la remplacer : tantôt on la caresse, tantôt on la rudoie ; elle échappe aux doigts qui la caressent ; devant les orages, elle plie et ne rompt point. Il n'y a pas de canon, pas d'acier qui puissent renverser ces frêles et tendres ressorts qui ont leur attache dans la conscience et qui vibrent au moindre contact. Il n'y a rien qui puisse acheter je ne dirai pas seulement certaines fiertés, mais certaines délicatesses de l'âme.

Entre le despotisme et l'esprit, le marché n'est jamais égal : les honneurs sans honneur ne peuvent séduire longtemps une âme libre, haute ou seulement élégante et raffinée. Le génie d'ailleurs est mauvais courtisan ; c'est lui qu'on doit courtiser. Il est plaisant de se figurer l'auteur de *Colomba* sous les ombrages de Compiègne et de Fontainebleau, obligé de mettre les ressources de sa charmante fantaisie au service de gens dont l'école de bataillon a été la seule littérature, d'Autrichiennes qui n'ont guère lu de français que les *mémoires de leurs couturières*, et de lords anglais pour lesquels le mot esprit n'a jamais voulu dire qu'esprit-de-vin.

Cet écrivain est un de ceux que des circonstances accidentelles ont entraînés dans le tourbillon doré dont les lourdes molécules ne se meuvent qu'au gré d'une étiquette glacée, *digne d'une cour allemande*; mais je ne crois point exagérer en disant qu'à part quelques rares exceptions, la littérature française a refusé de se

donner à l'empire : depuis l'Académie jusqu'aux derniers rangs de la bohême, on retrouve les mêmes sentiments, là couverts d'un plus pur et plus austère langage, ici armés de plus d'insolence, de cynisme et de
mépris. Rien n'a pu vaincre d'instinctives répulsions.

Parmi ceux qui tiennent une plume, en est-il un
seul qui n'ait vu venir le tentateur, et qui n'ait recom-
mencé avec lui le dialogue de la fable du chien et du
loup? Combien sont-ils dans la gent littéraire « can-
cres, hères et pauvres diables, dont la condition est de
mourir de faim » qui n'ont pas voulu approcher « des
os de poulets, os de pigeons » dont s'engraissent les
dogues de la presse officielle, pour n'avoir point à porter leur lourd collier? Je pourrais nommer tel écrivain
qui depuis dix ans charme la France et l'Europe entière par ses lucides exposés politiques, à qui, au milieu de mille flatteries, on offrait un jour une magnifi-
que position au département des affaires étrangères :
« N'insistez point, répondit-il, avec sa bonne humeur
habituelle. Vous feriez un trop mauvais marché. En
écrivant pour vous, je perdrais tout mon talent. » Quand
elle n'est point hostile, l'intelligence française se montre du moins sceptique. Elle regarde alors le tableau de
la France impériale comme elle ferait un paysage dans
la campagne romaine ou dans la Palestine, elle décoche
ses traits acérés contre tous les ridicules, sans se préoc-
cuper de savoir où ils tomberont, elle assiste aux événements comme un physiologiste à une expérience, avec
curiosité, mais sans émotion.

Ne soyons pas trop sévères pour quelques esprits so-
litaires qui ne veulent se lier à personne, ni aux vain-

cus ni aux vainqueurs, qui se sont réfugiés sur les hauteurs de la critique et de la philosophie, ou qui cherchent seulement à nous amuser. Si le despotisme les prend pour des alliés, je crois qu'il se trompe étrangement ; toute grande intelligence a une noblesse native que rien ne peut lui enlever et qui, à l'occasion, lui sert de défense, d'honneur et de religion.

Ce sentiment, obscurci dans les âmes vénales, y meurt rarement tout à fait : les plumes obéissantes se redressent par moments contre la main de fer qui veut toujours les guider. Les naïfs lecteurs du *Constitutionnel*, de la *Patrie*, du *Pays*, ne savent point par quel cynisme de langage et quelle liberté d'appréciation les journalistes officieux se vengent entre eux de leur commune dépendance. L'un d'eux, le plus infatigable et le plus spirituel, disait un jour à un ami d'enfance qui lui adressait quelques reproches : « Vous croyez que tout est rose dans mon métier. Rappelez-vous ce dessin où Grandville montre au bout d'une page la tête d'Apollon et à l'autre celle d'un crapaud, et passe de l'un à l'autre par des intermédiaires gradués. Moi, il faut à tout moment que je change Apollon en crapaud, le crapaud en Apollon, mais on ne me permet point les transitions. » Croit-on qu'il puisse être plus agréable à Théophile Gautier, ce poëte de la forme, qui pour la forme sert l'Empire, de faire des vers de mirliton au 15 août, et de devenir de poëte, cantatier ?

Dans les hautes régions de la politique, il y a à peine place pour des intelligences tout à fait supérieures : elles s'y trouveraient trop effacées, trop gênées. On a parlé un jour des amis du premier et du deuxième degré. Il y a aussi des esprits du premier et du second degré. Ces derniers seuls peuvent servir d'instruments dociles à une volonté solitaire, qui ne partage avec personne, et qui ne se révèle jamais entière. Il me sera toujours difficile d'admirer l'éloquence de ministres qui n'ont, pour se faire applaudir, qu'à donner un vêtement décent aux opinions d'écrasantes majorités prêtes à applaudir dans chaque parole l'écho de leurs propres passions ou la volonté du maître.

Jadis on ne parlait qu'avec mépris des vaines luttes de la tribune. Pourquoi se trouve-t-on si heureux de rencontrer un Billault ou même un Thuillier? Pourquoi les hisse-t-on si vite au niveau du piédestal des plus grands orateurs? Pourquoi redoute-t-on tant le franc esprit gaulois de Picard, dont la pointe, pareille à un fleuret, perce d'un seul coup l'éloquence bouffie des ministres-orateurs? J'admire plus que personne les hommes d'Etat; je sais ce qu'il leur faut de sagesse, de prévoyance, de patience, quels graves intérêts sont suspendus à leurs décisions, quel rôle élevé ils jouent dans l'histoire; mais il m'est difficile d'accorder ce nom à des hommes dont le mérite principal consiste à servir d'interprètes fidèles et prudents à une volonté supérieure et à envelopper d'équivoques habiles des actes et des pensées qui n'ont pas encore reçu tout leur développement.

Cet art d'avocat m'irrite plus qu'il ne me satisfait: j'avoue qu'il est difficile, je voudrais qu'il fût impossible. L'admiration que le corps législatif accorde à ses orateurs attitrés, a parfois quelque chose de naïf qui provoque le sourire. On sent qu'elle voudrait se faire

croire à elle-même, en s'enivrant de ses propres applaudissements, que de son côté est le génie aussi bien que le
succès. Les gloires qu'on ne peut avoir avec soi vivantes, on se les approprie mortes. Le cadavre de Béranger était encore chaud qu'on s'en empara, pour
faire au chansonnier populaire de pompeuses funérailles.
Il est bon que le peuple voie derrière la bière de tous
ceux dont le nom est arrivé à son oreille, une voiture
fastueuse venue des Tuileries. Tristes hommages, où il
y a plus de calcul que d'émotion, plus d'envie que de
respect !

Je ne doute pas que ce ne soit pour quelques-uns un
véritable souci, que de se sentir toujours dans une atmosphère de médiocrité et de voir tout ce qui, dans le
domaine de l'esprit, porte encore loin le nom de la
France, se tenir à l'écart dans un fier isolement. Cette
opposition incontestable rehausse, il est vrai, par quelques côtés, leur rôle et leur importance : seuls, le monde
peut mieux les apercevoir. Ne s'effraient-ils pas cependant quelquefois en pensant que la petite phalange
qui porte tout le poids du gouvernement et de la responsabilité ne fait point de recrues ? Que la mort y
vient faire de temps à autre un vide ? L'Empereur ne
se lasse-t-il point, comme tout le monde, de n'entendre
jamais répéter d'autres nom que les noms du 2 décembre ? Au lieu de Persigny, on dit seulement le duc de
Persigny. Ailleurs que dans l'armée, quels hommes
l'empire a-t-il fait surgir ? Et l'armée n'appartient à
personne, elle appartient au pays.

Ne voit-on pas, au contraire, s'élever dans les rangs
de l'opposition, derrière les vieilles gloires, à demi en-

dormies dans leurs limbes, des gloires nouvelles, incomplètes encore, mais riches de promesses et d'espérances? Ne sent-on pas monter et se presser à leur suite des générations nouvelles, qui demandent qu'on leur fasse place et qui n'ont mis qu'un mot sur leur drapeau : « liberté. » Vous est-il arrivé, à la marée montante, de rester sur des rochers encore à sec sur la plage? A chaque pulsation des eaux, la longue franche d'écume vient avec un long murmure mourir un peu plus près de la falaise. Le flot à peine soulevé s'abaisse et cependant la mer monte, monte toujours, et rien ne peut arrêter son irrésistible élan. Ainsi montera la marée de la liberté.

LETTRE IV

J'ai parlé jusqu'à présent des vieux partis sans faire
entre eux de distinction ; je ne saurais pourtant vous
faire bien apprécier leur état présent, leurs chances,
leurs espérances, si je ne les prenais l'un après l'autre
pour les passer en revue. Tâche ingrate et difficile, devant laquelle je suis presque tenté de reculer ; car voulant m'astreindre à dire ce que je regarde comme la
vérité, je serai plus d'une fois obligé d'élever un blâme
et une critique, et par là je risque de ne donner satisfaction qu'à ceux que je tiens le moins à contenter. Que
faire pourtant? N'affaiblit-on pas aussi sa cause en la
laissant méconnaître et travestir? Les coalitions fac-
tices peuvent-elles aboutir à autre chose qu'à des surprises et des mécomptes? Un bon général aimerait-il
mieux se mettre en campagne avec une armée dévouée
où tous les soldats se connaissent, se comprennent, et
ont confiance les uns dans les autres, ou traîner à sa
suite des légions bigarrées parlant des langues diverses,

n'usant ni des mêmes armes, ni de la même tactique, et mal disposées à l'appuyer dans un moment décisif? L'union, dit-on, fait la force : sans doute, à condition qu'elle soit l'union.

Laissez-moi donc vous conduire au milieu de tous les partis, et vous montrer ce qu'ils sont devenus au bout de treize ans de silence et de désarmement. Je commence par celui qu'on peut considérer comme le vieux parti par excellence, par le parti légitimiste. Vous en avez toujours été l'ardent ennemi, mais cela ne m'empêchera point d'en parler froidement et même avec indulgence. J'ai vu outrager si cruellement les religions les plus sacrées, celle de l'honneur, celle de la foi jurée, que je ne puis m'empêcher d'éprouver une sorte de respect pour une doctrine politique qui, pour beaucoup de nos concitoyens, reste une religion. J'ai vu de très-grands esprits saisis par le doute et profondément troublés en face de tant de lamentables péripéties qui ont suivi la Révolution française. La France, se demandent-ils parfois, ne serait-elle pas arrivée plus loin sur la route du progrès, si elle ne s'était laissé emporter si souvent, en des sens si divers, au gré d'opinions toujours changeantes et toujours extrêmes? Question oiseuse, qui demeurera toujours le secret de l'histoire! Ceux qui se l'adressent sont des philosophes politiques, et non de vrais légitimistes. Pour ces derniers, la légitimité est un dogme, une foi incompatible avec les doutes et les hésitations : ils l'ont reçue de leurs pères et la transmettent à leurs enfants. Qui de nous n'a connu, n'a estimé, n'a aimé un de ces croyants sincères, âmes simples et sans calculs, dont les hommages

fidèles se tournent vers l'exil et le malheur avec plus
d'empressement qu'ils ne se tourneraient vers le trône
si leur roi pouvait y remonter ; courages humbles qui
n'ont plus rien à vaincre que la pauvreté, les dédains
d'un monde affairé qui les regarde comme les reve-
nants d'un autre âge, le douloureux sentiment de leur
faiblesse et de leur impuissance. Ce sont là ce que j'ap-
pellerai les légitimistes sentimentaux, et je crains bien
que le nombre n'en diminue trop rapidement. Dans
notre France moderne, ils représentent encore la France
ancienne ; j'en ai connu un, qui vient seulement de
mourir, qui se surprenait quelquefois, en parlant du roi
de Piémont, à l'appeler M. de Savoie.

Par un point seulement ces légitimistes purs diffèrent
de leurs aïeux : ceux-ci étaient volontiers voltairiens,
de mœurs faciles et dissolues ; la Révolution même n'a-
vait pu les corriger : ils mettaient le trône plus haut
que l'autel. Aujourd'hui, l'autel est plus haut que le
trône ; la religion a été le dernier refuge des légitimistes fervents ; ne trouvant point d'appui dans la société politique qui les entoure, ils ont cherché l'appui
céleste. Il y a toujours autour d'eux comme une odeur
d'encens. Le parti légitimiste, ayant dès longtemps
renoncé à toute action, n'est plus, au point de vue politique, qu'une force purement négative ; dans le drame
de la vie politique, il me rappelle toujours ces toiles
que l'on met au fond des théâtres : souvent on y peint
une foule, mais derrière les comparses et les acteurs
qui s'agitent, cette foule reste immobile. Le peintre y
a ouvert de lointaines et lumineuses perspectives, mais
le spectateur sait qu'il n'a devant lui qu'un frêle décor.

Bien que la cause légitimiste puisse sembler perdu
il y a cependant nombre de gens qui sont légitimistes,
non de sentiment, mais par calcul. Cette apparente
contradiction s'explique aisément : elle tient à ce que
le parti légitimiste a regagné en influence sociale ce
qu'il a perdu comme force politique. Quand toutes les
nobles passions sont muettes, la vanité trouve encore
à se faire une place. Elle cherche aujourd'hui à reprendre tout ce qui jadis a été arraché au privilége : elle se
pousse, s'insinue partout et asservit un monde inactif
et frivole. Jamais on ne vit un tel débordement de titres
et de particules, jamais l'esprit de caste ne se montra
plus niaisement intolérant, jamais les amours-propres,
chassés du grand théâtre de la vie publique, ne se con-
tentèrent de plus mesquines satisfactions et de plus frêles
tréteaux. L'empire a créé je ne sais quel « conseil des
titres ; » nos démocrates impérialistes ont voulu se faire
d'Hozier ; mais ce conseil, s'il existe encore, ne s'est
du moins jamais rendu bien redoutable. Chacun se
pousse, chacun se hisse sur cette échelle au sommet de
laquelle brille la couronne ducale : les plus modestes
n'enjambent qu'un échelon à la fois ; mais il est permis d'en enjamber plusieurs. Les fils n'attendent pas la
mort de leurs pères pour hériter de leurs titres : on se
distribue, au sein des familles, baronnies, vicomtés,
comtés, avec la plus touchante libéralité. L'empire regarde avec tranquillité, il encourage même ces puériles
saturnales de l'amour-propre ; il sait que tous ces légitimistes par vanité lui appartiennent. Dans tout ce qui
s'est fait depuis dix ans, ceux-ci voudraient-ils rien
changer ? Ennemis de la liberté, ne jouissent-ils pas de

l'abaissement du parti libéral? Tout a été frappé autour d'eux, mais on n'a eu garde de les toucher.

Ils ont rempli les ambassades, les conseils généraux, le sénat, le corps législatif, les antichambres des Tuileries ; vous leur feriez injure en leur disant qu'ils sont infidèles à leur ancienne foi : légitimistes, ils le sont toujours, et si d'un coup de baguette une fée pouvait mettre à la place de Napoléon III le dernier descendant des Bourbons, ils seraient sans doute au comble de leurs vœux ; mais en attendant ce miracle, ils prennent leur parti du présent, heureux d'être recherchés, choyés et de tenir des places où en d'autres temps ils ont conscience qu'ils n'auraient pu parvenir. Mariés légitimement à la monarchie, ils ont pris l'empire pour maîtresse. Que ne doivent pas souffrir les légitimistes libéraux, et surtout le plus illustre d'entre eux, Berryer, un bleu égaré parmi les blancs, en voyant le gros de leur parti servir docilement un Bonaparte, prendre de lui des leçons dans l'art du gouvernement, partager leur fidélité en deux parts, l'ombre qui va à Frohsdorf, et le corps qui va aux Tuileries ! Je ne crois pas me tromper en disant qu'une grande partie de l'armée a abandonné son général et déserté la cause libérale : M. Berryer reste encore le chef avoué de son parti, mais l'éloquent vieillard sait que son autorité n'est plus guère qu'un nom ; il le savait déjà au lendemain du 2 décembre. Si le parti légitimiste eût aimé sincèrement la liberté, quelle occasion s'offrait alors à lui ! La France eût oublié peut-être toutes les fautes du passé et, chose plus difficile, jusqu'au souvenir de ses propres rigueurs, si la vieille royauté était venue, la dernière, à cette heure solennelle, défendre la liberté expirante. Mais que faisaient alors ceux qui depuis si longtemps lui offraient le vain tribut de leurs respects et de leurs regrets? Hélas! nous le savons tous : nous savons d'où partirent les premières adhésions au coup d'Etat, et qui conduisit le peuple aux premiers scrutins; trop de légitimistes se montrèrent alors les instruments dociles du parti ultramontain, qui, par haine de la République, se rua, on peut le dire, dans la servitude. Aujourd'hui encore, il n'y a qu'une seule chose qui trouble la quiétude de ceux qui sont devenus les muets de l'empire, ce sont les appréhensions, les reproches de ce même parti ultramontain, revenu de ses admirations et de sa première ivresse. Ils voudraient bien pouvoir servir à la fois leurs deux maîtres, le maître temporel et le maître spirituel. Mais la tâche devient de plus en plus difficile, et leur intelligence n'aperçoit plus un point lumineux dans les ténèbres qui les environnent. Qu'a-t-il pu se passer depuis deux ans dans ces âmes timorées? Il y a des mystères qu'il faut savoir respecter.

L'asservissement graduel du parti légitimiste au parti ultramontain n'est qu'un des signes de son affaiblissement graduel; je pourrais en indiquer d'autres. N'est-il pas surprenant de voir combien les grands noms intellectuels s'y font rares? Parmi cette jeunesse qui a tant de loisirs, y a-t-il personne qui songe à ramasser la plume de Chateaubriant? Dans les châteaux où elle s'exile une partie de l'année, n'entend-elle jamais les voix harmonieuses qui parlaient au cœur de Lamartine adolescent? A quoi pense-t-elle, si elle pense encore?

Assurément nous ne condamnons point une cause par la seule raison qu'elle est vaincue ; mais il y a une différence entre une cause vaincue et une cause qui s'abandonne.

Vivre comme un étranger dans son propre pays, se réfugier dans le dédain des hommes et dans l'indifférence aux événements, renoncer à toute autre influence qu'à cette influence toute domestique qui s'exerce parmi des clients et des serviteurs, repousser la coupe amère de la politique pour le cidre et le vin des domaines paternels, voilà le destin qu'a choisi une fraction nombreuse du parti légitimiste. D'autres sont sortis de leur solitude, et ont choisi, pour se réconcilier avec la société moderne, le moment où la liberté subissait les plus cruels outrages ; ils ont rempli toutes les avenues du pouvoir, non pour lutter contre les excès d'une autorité dictatoriale, mais pour les encourager au moins par leur silence ; non pour exercer la puissance, mais pour en avoir les semblants et les apparences. Triste spectacle ! qui doit affliger ceux-là même qui ont toujours été le plus hostiles à ce parti : la vanité prenant la place de l'orgueil, l'équivoque celle de la fidélité, une indigne ambition celle du désintéressement ! L'indulgence du régime impérial pour le parti légitimiste, l'accuse, au reste, plus éloquemment que nous ne pourrions le faire. Pourquoi toutes les rigueurs, toutes les persécutions, toutes les injures sont-elles pour les libéraux, républicains ou orléanistes ? Ce n'est pas seulement parce que le souverain, qui lui-même s'est un jour appelé un parvenu, cherche à grouper autour de lui les plus grands noms de la France ancienne : il sait qu'après tant de révolutions, le sentiment dynastique est plus ou moins éteint dans toutes les âmes, et que dans notre temps et dans notre pays, la question se pose moins entre des familles souveraines qu'entre les principes mêmes du gouvernement. Sous la trame des vaines dénominations que le temps a laissées derrière lui, il y a des idées qui vivent, qui grandissent et se transforment. Ce ne sont plus les partis qui font les programmes ; ce sont les programmes qui font les partis.

LETTRE V

Dans cette revue des partis, vous vous étonnerez peut-être que je saute sans transition des légitimistes aux républicains. C'est qu'il y a des légitimistes républicains, comme il y en a de royalistes : ce que la royauté est pour les derniers, la république l'est pour les premiers ; ne leur parlez pas du pays, de ses vœux, de ses préférences ; ne leur parlez même pas de la liberté, des blessures qu'elle a reçues dans toutes nos luttes civiles, des nécessités du présent, des ménagements que réclame une société tant de fois bouleversée ; leur pensée obstinée n'a qu'un objet : somnambules politiques, ils traversent les événements sans y rien comprendre, aussi aveugles, aussi têtus que ces émigrés dont ils ont répété à satiété qu'ils n'ont rien appris ni rien oublié. J'en connais un qui, chassé des Chambres françaises et de la France par le coup d'Etat de 1851, se considère toujours comme représentant du peuple : si quelque orage soudain emportait un beau jour les maîtres actuels de

Paris, il irait tranquillement reprendre sa place à la Chambre, où il n'est pas entré depuis treize ans, et continuerait le discours qu'il a laissé interrompu. A la place de tous les N que l'architecture officielle a semés sur nos murailles, pour braver l'avenir comme le présent, il mettrait les devises républicaines et croirait que rien ne serait changé autour de lui. Il parle de la *Révolution*, de la *République*, de l'*Idée* comme si c'étaient personnes vivantes, qui lui ont communiqué leurs secrets et dans l'intimité desquelles il est admis. Pour ses amis comme pour lui, le peuple ne vient qu'après : ces *idéologues jacobins ne croient pas que les gouvernements soient faits pour les nations, mais que les nations sont faites pour les gouvernements* ou plutôt pour le gouvernement de leur choix. Tout comme le despotisme, ils veulent faire notre bonheur en dépit de nous-mêmes ; ils parlent quelquefois de la souveraineté du peuple, mais, dans leurs épanchements, ils laissent échapper qu'au-dessus de cette souveraineté il y en a une autre, celle du *but*. Quel but ? le leur, sans doute ; non le mien, ou le vôtre, ou celui de mon voisin. Tout ce qui sert le *but* est bon ; tout ce qui nuit au but, condamnable, mauvais, punissable. Rendons-leur justice, ils professent encore les doctrines des Jacobins leurs aïeux, mais ils n'en ont plus la logique féroce et sans pitié. Ils ont laissé abolir en 1848 la peine de mort en matière politique ; ils n'ont pas lancé des armées sur l'Europe pour faire la guerre à tous les rois ; ils n'oseraient plus faire ouvertement la théorie de la Terreur ; ils n'ont gardé qu'une sorte de jargon très-commode pour servir de manteau à la médiocrité, pour donner à la douceur et à la faiblesse des apparences altières et redoutables. Je vous connais bien, jeune Jacobin, qui portez quelquefois les jours d'été des gilets blancs à la Robespierre : jadis vous vous seriez appelé Brutus et Cassius, aujourd'hui vous vous appelez Anatole. Si vous avez perdu les rares procès que vous plaidez au palais, vous ne perdez jamais celui que vous faites tous les jours aux réactionnaires, aux vieilles dynasties, au vieux monde, au milieu d'un cercle d'admirateurs adolescents, auxquels vous permettez de vous comparer à Mirabeau. Vous grandissez de cent coudées quand vous parlez de « nos pères de 93, » vous rendez volontiers sur une chaise de café les oracles de la nouvelle déesse « la Révolution. » Quand vous prenez la plume, vous n'avez ni grammaire, ni style. Bah ! la Révolution est cosmopolite et l'Académie française n'est qu'un foyer de réaction. Vous vous croyez dangereux; mais la police retourne à peine la tête quand elle entend vos déclamations ; elle vous dirait volontiers de parler plus haut, sachant bien que vous faites mieux les affaires du pouvoir que celles de la liberté. Je vous connais aussi, silencieuse et majestueuse idole dont on a tout dit quand on a prononcé son nom : dieu Terme, devant lequel de petites écoles démocratiques continuent à célébrer leurs mystères ; et vous qui n'êtes, vous le dites vous-mêmes, qu'un drapeau ; et vous, la mouche bourdonnante du coche révolutionnaire, qui croyez qu'il marche sitôt que vous vous agitez.

Dieu merci ! le parti républicain n'est pas seulement composé de ces sectaires que j'ai appelés les légitimistes de la république. La plupart des républicains sont

fatigués de l'intolérante outrecuidance de quelques doctrinaires, jaloux d'impopularité bien qu'ils parlent au
nom du peuple ; ils les ont toujours vus prêts à lâcher
la proie pour l'ombre, enclins à sacrifier le présent à
l'avenir, les réalités aux chimères, les certitudes aux
espérances. Les républicains se sentent aujourd'hui trop
nombreux pour ne plus former qu'une secte, qu'une
coterie : la force même leur a appris la modération. Les
idées républicaines, je dirai plus tard par quelles raisons, ont gagné du terrain depuis l'établissement de
l'empire ; mais en grandissant elles se sont épurées :
elles ont rejeté la défroque usée de la Convention ; toujours inclinées jusqu'à présent du côté de l'égalité,
comme les plantes sur lesquelles le même vent a soufflé
trop longtemps, elles se sont relevées lentement du côté
de la liberté. L'égalité dans la servitude n'a rien qui
charme ceux dont je parle : leur dignité blessée ne cherche point une amère et haineuse consolation dans le
spectacle de l'humiliation d'anciens adversaires. Leurs
critiques les plus acerbes ne sont pas dirigées contre les
vaincus, et il leur répugne de donner au monde le
spectacle d'esclaves qui se battent pour amuser un
maître. Ils ont des yeux pour voir et des oreilles pour
entendre. *Et nunc erudimini.* Ils savent distinguer
entre un mal possible et un mal certain, entre un danger lointain et un danger imminent, entre une blessure
légère et une horrible amputation, entre M. de Persigny
et un libéral, entre le régime des avertissements et les
lois de septembre, entre la démocratie libérale et la
démocratie impériale, entre des ministres responsables
et des ministres orateurs, entre le progrès et les progrès

à coups de décrets, entre le couronnement de l'édifice et l'édifice couronné, entre les libertés *octroyées* de la Restauration et les libertés promises de l'Empire, entre la moralité du temps présent et la *corruption* du gouvernement de Juillet, qui mettait solennellement en accusation un ministre concussionnaire et laissait à tant d'illustres serviteurs leur plume pour toute fortune. A défaut d'équité, il ne faut qu'un peu d'esprit pour apprécier ces différences.

Du haut de leur montagne solitaire, nos derniers jacobins seuls ne discernent plus les accidents de la plaine, et tout s'enveloppe à leurs yeux des mêmes teintes brumeuses. Laissons-les sur leur Sinaï : qu'ils s'y consolent, en relisant sur leur table de la loi la Déclaration des droits de l'homme, de n'avoir plus aucuns droits. Pour nous, gens de la plaine, nous avons beau vivre sur les deux rives séparées d'un fleuve, nous savons que nos champs produisent les mêmes fruits, que les mêmes insectes et les mêmes rongeurs les dévastent et que les mêmes vents leur apportent la sécheresse ou l'humidité. On entend parfois des voix réclamer ironiquement « la liberté comme en Autriche. » Croit-on qu'il n'y ait personne dans le camp républicain qui ne regrette silencieusement « la liberté comme sous Louis-Philippe ? » Louis Blanc écrirait-il aujourd'hui, sans rien y changer, son *Histoire de Dix Ans?* Y a-t-il un panégyrique écrit par les amis les plus dévoués du roi Louis-Philippe qui vaille, à certains égards, les pages que Victor Hugo consacre dans ses *Misérables* à la mémoire de ce souverain? La justice tartive est arrivée enfin, *pede claudo*, jusqu'à l'humble tombe où

reposent ses restes exilés. Les nouvelles générations
républicaines n'ont plus pour lui ni haine ni colère.
Elles ont vu bien d'autres drames, assisté à bien
d'autres orages, éprouvé bien d'autres désenchante-
ments que ceux de ce règne qui ne nous paraît si lointain que parce que tout est si changé autour de nous.
Quand on nous parle encore des égratignures que la
liberté a pu recevoir de 1830 à 1848, nous allons
remettre les doigts, comme saint Thomas, dans les plaies
toujours saignantes qu'elle n'a point reçues du roi
débonnaire qui aima mieux laisser tomber sa couronne
que d'y faire jaillir trop de sang français. Jetés tous
ensemble sur le radeau de la *Méduse,* laissons quelques
fous se disputer et se reprocher mutuellement la perte
du navire depuis *longtemps engouti dans les flots.*
Pour nous, partageons nos derniers vivres, soutenons
mutuellement nos courages et regardons ensemble à
l'horizon, pour découvrir la voile qui doit nous apporter le salut.

LETTRE VI

Je doute que les républicains aient fait des progrès depuis 1848, si on les considère comme parti militant, organisé pour disputer ou garder le pouvoir, soumis à des chefs reconnus, agissant avec suite et en vue d'objets bien déterminés. Je croirais plutôt le contraire ; le ciment de l'esprit de parti se détache par petits fragments sur toutes les assises du temple ébranlé, où l'on ne célèbre plus de fêtes et où les autels sont désertés. Mais, d'autre part, les idées républicaines ont pénétré silencieusement dans beaucoup d'âmes, et se sont, si je ne me trompe, infiltrées plus profondément dans le pays. C'est là, sans doute, un étrange phénomène : un parti qui perd le pouvoir et qui reconquiert l'influence ! à qui ne reste rien d'apparent ni de tangible et qui étend une sorte d'empire invisible, dont les espérances grandissent dans la mauvaise fortune et les ambitions dans l'inactivité. Je voudrais chercher et déduire les raisons de ces apparentes contradictions. Il en est plus d'une, et elles touchent à des passions et à des sentiments fort divers.

La première, à mon sens, est la périodicité des révolutions dans notre pays. Le pouvoir y est devenu viager : empire, monarchie légitime, monarchie constitutionnelle, tous ces noms n'ont couvert, depuis soixante ans, que des délégations temporaires de l'autorité et de la prérogative souveraine. Conservateurs ou non, montrez-moi ceux qui croient encore fermement à la stabilité de nos gouvernements, qui aient foi en leur avenir? On en calcule la durée comme on ferait les phases lunaires ou la révolution d'une planète. Le souverain n'est plus qu'un fermier auquel la France accorde un bail plus ou moins long. Il n'y a pas de génération qui se croie ou se sente liée par ce qu'a fait celle qui l'a précédée. Blâmez ou admirez cette mobilité, cet amour du nouveau, du changement; mettez-les sur le compte d'une incurable légèreté, d'une vanité dont les enthousiasmes finissent par les mépris, et les engouements par l'ingratitude, ou n'y voyez que les manifestations orageuses d'une volonté unique, âpre, suivie, qui se fraie impérieusement un chemin vers un idéal immuable, vous ne pouvez contester les faits : ils parlent assez haut, leur retentissement a rempli assez souvent le monde, et il n'est personne, en France, qui n'en ait éprouvé le contre-coup direct ou éloigné. Mais, sauf quelques fanatiques pour lesquels une révolution, quelle qu'elle soit, est une fête, comme l'est une exécution pour les âmes dégradées et féroces, y a-t-il beaucoup de gens qui ne voient venir avec un sentiment d'anxiété, avec un trouble et un remuement d'entrailles ces terribles échéances qui ne se signent qu'avec du sang? S'il faut des changements à la France, si elle veut rejeter les uns après les autres ses serviteurs, comme un fruit que les lèvres ont pressé trop longtemps, il vaudrait mieux assurément qu'on pût la satisfaire sans révolutions, et que la transmission du pouvoir, au lieu d'être un accident, pût devenir une fonction politique, périodique et réglée. « La France s'ennuie! » s'écria Lamartine, la veille de la Révolution de 1848. L'Empire a si peur que l'ennui la reprenne que, ne voulant point l'occuper des affaires du dedans, il la tient sans cesse occupée des affaires du dehors. Il ne procède qu'à coups de théâtre et par surprises. Jamais *impresario* ne s'est plus occupé de la mise en scène. Rappelez-vous le début de la guerre d'Italie, le froncement de sourcils de Jupiter irrité au milieu de son Olympe du jour de l'an, et, plus tard, le rideau de Villafranca, tombant sur la grande scène de Solferino, et tant d'autres péripéties. Bien longtemps avant que le souverain actuel de la France y fût rentré comme député républicain, une dame lui disait un jour : « La France est impossible à gouverner. — Vous vous trompez, madame; rien n'est plus facile. — Quel est donc votre secret? — Une bonne guerre tous les trois ans. » Nous avons eu la *bonne guerre* de Crimée, puis celle d'Italie, puis nous avons eu quelques guerres que le pays a trouvées moins bonnes, en Chine, en Cochinchine, au Mexique. La France a dû se mettre à apprendre la géographie, occupation qui n'a jamais été guère de son goût. Quand il le faudra, on la ramènera à des longitudes et des latitudes plus familières.

La jeunesse libérale pourtant refuse de vendre son droit d'aînesse pour les amusements qu'on offre à sa curiosité. Il lui faut autre chose que des revues, des zouaves, des spahis aux manteaux rouges ; elle ne se retourne plus pour voir passer les souverains que l'empire convoque à ses fêtes ; elle hausse les épaules quand M. Duruy lui présente Abd-el-Kader et le compare à Jugurtha ; elle a presque fait du mot « Chauvin » une injure ; elle lit plus volontiers l'histoire de Waterloo dans le récit de Charras que dans l'histoire de M. Thiers ; l'empire lui a tout gâté, jusqu'à la gloire.

Au milieu des spectacles qu'on lui donne et qu'on lui promet, elle s'ennuie ; elle se sent trop traitée en enfant. Les piéges qu'on tend à son admiration sont trop grossiers. Vous lui parlez en vain de « la France relevée au rang qu'elle doit occuper parmi les nations ; » elle ne se croit pas, elle, au rang qu'elle a droit de tenir ; elle sait que la France, avec son esprit militaire, son admirable armée, son courage héroïque, sera toujours une puissante nation ; elle la voudrait non-seulement puissante, mais libre. Elle voit tout céder à l'empire, sauf Caton ; elle s'est mise du côté de Caton :

> « Et cuncta terrarum subacta
> « Præter atrocem animum Catonis. »

Libre vis-à-vis du passé, sans engagements, élevée dans l'égalité, soupirant après la liberté, comment voulez-vous que son esprit ne descende point la pente qui mène aux théories républicaines ? Elle va d'autant plus facilement où la mène le vent de sa fantaisie, que celle-ci ne caresse encore que des rêves et que ses préférences ne sont point réellement des choix. Délivrée des entraves, des gênes qui se présentent toujours dans l'application, l'esprit se laisse pousser par la logique pure jusqu'aux formules les plus simples. Or, on pourrait définir le gouvernement républicain, le gouvernement sans fiction. Dans tous les autres, il y en a une : dans la monarchie légitime, celle du droit divin ; dans la monarchie constitutionnelle, celle de l'irresponsabilité du souverain ; dans l'empire, celle de la délégation directe de la souveraineté, vraie peut-être à la première génération, mais visiblement incompatible avec le principe d'hérédité. Les fictions politiques ont besoin, pour être respectées, non-seulement d'être soutenues par un consentement presque universel, mais encore d'être appuyées sur le temps, sur la tradition ; elles doivent faire corps avec les souvenirs, les croyances, les habitudes, avec les passions mêmes d'un pays. Louis XIV pouvait, sans faire injure à la France, dire : « L'Etat, c'est moi. » L'erreur de Charles X fut de ne point apercevoir que la Révolution française avait jeté aux vents la fiction du droit divin.

La fiction du gouvernement constitutionnel, le seul qui puisse aujourd'hui disputer à une âme libérale la préférence sur le gouvernement républicain, satisfait pleinement les pays qui, à son abri, ont pu jouir pendant longtemps des bienfaits de l'ordre en même temps que de ceux de la liberté. Mais peut-elle avoir la même prise sur les âmes dans les pays où la révolution l'a brutalement insultée, souf019etée ? Nous sommes bien les descendants de ceux qui ont fait la loi salique. L'Anglo-Saxon, brutal et farouche, accepte la royauté d'une femme ; le Français, raffiné, galant, ne veut obéir qu'à un homme. Le fondateur d'une royauté constitutionnelle, dans notre pays, aura toujours un rôle difficile ; on veut qu'il soit *quelqu'un*, on ne veut pas qu'il soit *quelque chose*. Que la fiction impériale n'espère pas toutefois être plus invulnérable que la fiction constitutionnelle ! Elle a pris pour formule : « Par la grâce de Dieu et la volonté nationale, » et proclamé l'hérédité de l'empire. Grâce de Dieu ! volonté nationale ! hérédité ! voguez de conserve, arborez le même pavillon, descendez ensemble le fleuve dormant, je vous attends aux premiers rapides.

L'esprit de nos générations nouvelles est, à vrai dire, la *tabula rasa* de Descartes ; le passé n'y a rien laissé, le présent n'y grave rien. N'y cherchez point de projets bien arrêté, ni de croyances exclusives ; vous n'y trouverez guère que des penchants, des aspirations, toutes cependant tournées du côté des doctrines démocratiques et libérales ; il ne recèle d'antipathie profonde que contre la tyrannie ; aussi, l'une des choses qui ont peut-être le plus nui au principe monarchique, aux yeux d'une partie de notre jeunesse, c'est l'attitude des monarchies européennes en présence du despotisme impérial. Elles les ont trouvées généralement trop humbles devant cette puissance nouvelle, pleine et gorgée de sa fortune. Qui n'a recherché non-seulement son alliance, mais son amitié, avant d'en recevoir les coups ou d'en subir les affronts ? Quelle joue ne s'est abaissée pour recevoir son baiser ? Qui a résisté à cette étrange fascination, où la terreur se mêle à l'attrait, l'inquiétude à la curiosité ? Avez-vous jamais observé l'araignée, au moment où une grosse mouche tombe dans sa toile invisible? Elle approche, s'éloigne, tourne, retourne en tous sens autour de sa victime; de temps à autre, elle interrompt son œuvre de tisserand pour porter sur les yeux de la pauvre bête des coups de ses longues pattes acérées comme un poignard. L'insecte pantelant se trouve bientôt changé en une sorte de momie vivante, enveloppée de toiles d'or d'où il ne peut plus échapper. La dignité royale, qui ne le sait? entraîne avec elle des tâches et des rôles pénibles; mais il y a plusieurs manières de jouer le même rôle, et il y a quelques nuances entre le jeu d'un Talma et l'acteur du Boulevard. Il y a bien des choses sur lesquelles il est difficile de jeter le manteau du devoir et de la nécessité; le public soulève le manteau et retrouve par-dessous des passions trop aisées à reconnaître : l'ambition, l'avidité, l'envie, la servilité.

Je n'ai pas fini. Aux raisons que j'ai données pour expliquer pourquoi la jeunesse se trouve entraînée du côté des idées républicaines, j'en dois ajouter une dernière. Cette jeunesse a été laissée trop isolée; personne n'est venu à elle pour la guider, pour lui donner des encouragements et des espérances; il y a parmi les vaincus trop de dégoûtés qui s'enferment dans une morose solitude et qui n'ont plus que des paroles amères, même pour ceux qui sont le plus innocents de leur défaite. Combien sont rares les hommes qui, comme M. de Rémusat, soutenus par la philosophie au-dessus des courants troublés de la politique, conservent le don précieux de la sympathie et savent parler aux nouveaux venus, aux arrivants, le langage qui leur convient !

7.

L'enthousiasme et l'ardeur des jeunes libéraux viennent trop souvent se briser contre une glace d'indifférence et de dédain ; on ne commence à compter avec eux que quand, à force de talent, de courage, d'obstination, ils ont forcé les applaudissements du grand public. On conçoit que les Majestés déchues deviennent plus chatouilleuses sur les hommages qu'on doit leur rendre ; mais la roideur et l'intolérance n'ajoutent rien à leur dignité et ôtent, au contraire, chaque jour, quelque chose à ce qui leur reste d'autorité. Si l'indépendance des opinions doit trouver un asile et un sanctuaire, ne doit-ce pas être dans le camp libéral ? Nous traiterons-nous les uns les autres en ennemis, parce que nous n'avons pas le même âge, parce que, d'accord sur tant de questions capitales, nous différons sur quelques questions secondaires ? N'imposez pas à la jeunesse des confessions de foi ; n'en exigez pas des adhésions aveugles, absolues, à tel ou tel programme ; ne la forcez point à rester dans le cercle de Popilius où vous vous êtes volontairement retiré ; respectez sa sincérité, c'est la virginité de l'âme. Moins vous lui demanderez, plus elle vous donnera.

LETTRE VII

Si je laisse de côté ceux que j'ai nommés les légitimistes républicains, je trouve dans le grand parti auquel ils se rattachent et qu'ils aspirent encore à conduire, bien qu'ils aient cessé de le représenter, des
penchants plutôt que des croyances, des aspirations
plutôt que des espérances, un certain tour d'esprit
plutôt qu'une ligne de conduite bien tracée. Les républicains ont cessé de croire à l'avénement prochain de la République. Beaucoup d'entre eux ont,
dans le secret de leur conscience, cessé de le désirer;
du moins, leur désir n'est plus cette ardeur infatigable,
pleine, constante, qui exige une satisfaction immédiate;
ce n'est plus qu'un long penser, calme, presque en-
dormi, qui se plonge dans la contemplation d'un lointain idéal.

Nos républicains nouveaux ont une foi plus négative que positive; le temps, les événements, le dégoût
du présent les ont poussés pas à pas dans des retranche-

ments où leur fierté a trouvé un refuge. Mais ils ne
croient point aux propriétés occultes d'un mot; ils
n'ont point le cœur si enflé qu'ils prétendent pouvoir
effacer par une seule parole les effets pernicieux d'un
despotisme si savant, si heureux, si corrupteur. Ils ont
moins souci de la forme républicaine que de ce que la
République a toujours promis, et n'a j'amais encore pu
donner à la France. Ce n'est point chez eux infidélité,
c'est plutôt fidélité à des intérêts plus hauts, plus permanents, plus nobles; l'Etat n'est point, à leurs yeux,
une idole, comme à ceux de leurs devanciers; le style
et l'architecture du temple leur importent moins que
les doctrines qui peuvent y être prêchées.

Si les républicains sectaires sont prêts à imposer à la
France le gouvernement de leur choix, il n'en est pas
ainsi de ceux dont je parle; ces derniers sont plutôt
démocrates que républicains; il leur répugnerait de
sentir la volonté nationale en contradiction avec la
leur. « C'est trahison, dit Montaigne, se marier sans
s'espouser. » Deux fois la France a été mariée à la
République, sans l'épouser; et comment ont fini ces
mariages? par d'éclatants divorces. Les démocrates
sincères ne peuvent vouloir du gouvernement d'une
minorité; on ne les verrait pas, si, par un hasard, la
République redevenait jamais le gouvernement de la
France, armer l'insurrection contre un parlement choisi
par le peuple; ils ne feraient point du mot *républicain
du lendemain* une injure, et loyalement tendraient la
main aux ouvriers de la douzième heure. Le suffrage
universel est resté leur suprême espoir : il serait aussi
leur guide suprême. Etrange et juste retour de la for-

tune ! C'est au nom du suffrage universel que la liberté française a été immolée, et c'est aujourd'hui de ce suffrage qu'elle semble tout attendre. Rien ne lui reste que cette force nouvelle qu'on a cru longtemps si obéissante, mais qui commence à regimber contre ceux qui se croyaient sûrs à jamais de sa servilité. Ses efforts étonnés, ignorants, encore craintifs, font déjà trembler ceux qui croyaient pouvoir éternellement couvrir toutes leurs actions du grand mot de la souveraineté populaire. Ils remplissent de joie le cœur des démocrates libéraux ; le suffrage universel est l'ancre où ils attachent leur dernière espérance. « *In hoc signo vinces.* » Voilà le dogme qu'il n'est plus permis de discuter, la vivante et active consécration de l'égalité si profondément entrée dans nos mœurs, la promesse d'un meilleur avenir, le mot magique devant lequel un jour toutes les portes devront tomber et qui fera taire toutes les menaces. Ceux qui professent une confiance si pleine dans le suffrage universel, peuvent-ils songer sérieusement à rejeter ses arrêts ? Le choix de la forme du gouvernement se subordonne dès lors dans leur esprit à la volonté populaire, librement et solennellement exprimée.

Ce n'est pas la seule raison pour laquelle les républicains ont renoncé à leurs anciennes formules et à des espérances prochaines : ils sentent aussi qu'il leur manque un chef. Les talents ne font point défaut dans leurs rangs, ils ont des âmes du plus haut étage, le génie même a souvent consenti à servir complaisamment leur cause ; ils restent pourtant pauvres au milieu de ces richesses : ce n'est point le talent, ni le génie qu'il faut dans les magistratures populaires, c'est le caractère, c'est cette *vertu* que Montesquieu proclamait nécessaire aux républiques, cette autorité toujours inclinée devant la loi, cette ambition qui vit d'abstinence et de désintéressement. Où sont nos Washington et nos Lincoln? Parcourez les rangs pressés du parti républicain, et montrez-les-moi. Parmi toutes les figures que les révolutions ont déjà fait passer sous mes yeux, il n'en est qu'une où je retrouve quelques-uns des traits du président républicain, tel que je me le représente. Si quelqu'un avait pu donner la vie à cette frêle et factice République de 1848, née d'une surprise et d'une faiblesse, c'était le général Cavaignac :

> Si Pergama dextrâ
> Defendi possent, etiam hâc defensa fuissent.

Il n'avait point cherché le pouvoir : son nom seul l'y avait porté, car si les républicains sont en théorie hostiles à l'hérédité, ils en sont en pratique les complaisants serviteurs ; il triompha de la plus formidable insurrection qu'ait vue notre temps ; il montra à la France et à l'Europe que la République n'était pas forcément l'anarchie ; il modéra aurant qu'il put la bruyante joie des vainqueurs, estimant que les victoires des guerres civiles ne sont point celles dont on doive être fier et se disant peut-être tristement comme autrefois Pyrrhus : « Encore une victoire comme celle-ci, et la République est perdue. » Sous cette figure un peu dure, loyale, austère, tout le monde pouvait deviner un citoyen : il en avait la modération, la réserve, la dignité, les scrupules. Il dédaignait les artifices grossiers par où on cherche à saisir la popularité, et ne se reposait que sur son honnêteté sans tache, sur la loyauté de ses desseins, sur son courage froid et méthodique. Il ne chercha point à abuser des avantages que lui donnait, avec la possession momentanée du pouvoir, cet instrument de domination que nous nommons la centralisation, que tous les régimes ont perfectionné et qui survit à tous les régimes. Il ne corrompit personne, ne tenta personne ; il ne fit de marché honteux avec aucun de ses anciens compagnons d'armes ; il ne voulut rien devoir qu'à lui-même et à la France. Et quand la France républicaine dut choisir un président, elle lui préféra..... le prince qui n'était encore que le héros de Boulogne et de Strasbourg.

Dans les pays comme les Etats-Unis ou la Suisse, où la République est déjà séculaire et où nul autre gouvernement n'est possible, le choix des magistrats populaires n'est peut-être pas d'une importance suprême : *uno avulso, non deficit alter.* Fonder une république est autre chose que la servir ; les Etats-Unis ont été bien heureux d'avoir Washington pour premier magistrat, et la République n'y succédait point à des siècles de monarchie : elle n'était que la transformation des treize colonies, gouvernées nominalement par l'Angleterre, mais formant en fait autant de petites démocraties indépendantes. Je croirais perdre mon temps en discutant le système des assemblées directement gouvernantes ou gouvernant par des comités ; directoires, consuls, tout cela a passé rapidement à travers notre histoire pour n'y jamais plus reparaître. Je n'imagine pas la France constituée en République sans un président ; et si ce phénomène politique doit avoir lieu de mon vi-

vant, je cherche en vain le président. Il ne suffit point,
candide Emilius, que vous vous croyiez à la hauteur de
cette tâche; il faut encore que le pays le croie; et vous,
éloquent Julius, je voterais volontiers pour vous ; mais
je tremble que vous n'ayez que ma voix et la vôtre. Il
ne suffit pas qu'un nom ait été prononcé par quelques
bouches; il faut qu'il arrive comme de lui-même sur
toutes les lèvres ; qu'il entre comme une espérance sous
toutes les chaumières, qu'il soit connu dans les camps
comme dans les écoles, aux champs comme à la ville.
Aux Etats-Unis, le peuple a souvent voté pour des
hommes nouveaux, sans grande notoriété, sans prestige
éclatant; mais leurs noms étaient déjà sortis de l'urne
des partis, et les partis n'y sont pas des comités anonymes et ténébreux, mais des gouvernements d'opinion
auxquels chacun participe, organisés d'un bout à l'autre
de l'Union, toujours actifs, toujours debout. La nation
n'est donc point humiliée quand les partis soumettent
leurs dilemmes à son arbitrage; car dans les partis elle
se retrouve encore elle-même. En France, les partis
politiques n'ont jamais vécu jusqu'ici d'une vie aussi
continue, aussi indépendante ; ils n'ont jamais enrégi-
menté l'universalité des citoyens ; la France, appelée à
choisir un président, serait encore placée entre cette al-
ternative ou de prendre un de ces noms sonores que
l'histoire a déjà gravés dans toutes les mémoires ou de
porter ses suffrages sur le favori de hasard d'une coterie qu'elle ne pourrait ni surveiller ni conduire.

LETTRE VIII

J'ai parlé avec indulgence, j'ai parlé avec respect du parti républicain ; je ne saurais avoir d'autres sentiments pour le parti constitutionnel ; car, sous des noms différents, je crois qu'ils désirent la même chose pour la France : l'égalité avec la liberté, la grandeur avec l'honneur. Il ne faut point se laisser tromper aux apparences : le parti constitutionnel est moins remuant et fait moins de bruit que les autres ; il a pris, un peu trop peut-être, une attitude humiliée ; le jour où il cache ses regrets et ses espérances est un jour terne et sans chaleur ; sa tristesse est trop grondeuse et trop fière ; mais il lui reste une force inerte, sourde et patiente, qui défie le temps et la mauvaise fortune. C'est un parti, non d'action, ni de passion, mais de raison, et la raison finit toujours par triompher des injustices des hommes et des hasards du sort. Contre elle il n'y a point de prescription. Il manque à ce parti une certaine résolution de se perdre pour éviter la honte d'être vaincu. Mais cela même fait qu'on peut le vaincre, non le perdre. Il plaide plus volontiers qu'il n'agit. Mais en politique il n'y a point de dernier ressort, et à force de plaider, on peut toujours espérer de convaincre ce juge capricieux qui s'appelle le peuple. Il offre à la nation, comme idéal du gouvernement, une forme politique peut-être un peu savante, artificielle, complexe ; mais la nation a appris à ses dépens que la simplicité extrême, qui d'abord la séduit et satisfait sa fougueuse logique, n'est pas forcément la perfection. Y eut-il jamais quelque chose de plus simple que le gouvernement tel que l'entendait le Comité de salut public ? Il y avait aussi, il est juste de le reconnaître, une grande simplicité dans la pensée qui a inspiré le coup d'Etat du 2 décembre, et il en reste beaucoup dans la Constitution qui nous régit.

Le parti constitutionnel a peu de sectaires, de fanatiques, de *mamelouks*, parce qu'il répond essentiellement à des idées tempérées et moyennes. Il représente la modération, et la modération n'a rien qui entraîne d'abord les hommes : elle n'arrive que pour réparer les maux causés par leur impatience. Il représente une transaction perpétuelle entre le passé et l'avenir ; mais les intérêts comme la passion demandent d'abord des victoires complètes, brutales et sans merci ; une longue expérience peut seule leur apprendre qu'il n'y a jamais de victoires achevées, que le progrès est impossible sans forces conservatrices, la conservation impossible sans progrès. Il représente les sentiments de ces classes nombreuses qu'on appelle les classes moyennes, qui ne sont ni dans l'extrême pauvreté ni dans l'extrême richesse ; qui vivent de leur travail sans vivre de salaires quotidiens ; qui doivent déjà quelque chose au passé, mais qui ont encore quelque chose à demander à l'avenir. Je n'aime point le mot bourgeoisie, qu'on applique trop souvent à ces classes ; il a le premier tort à mes yeux d'en faire sortir tous ceux qui ne sont point habitants des villes, tous ces Français, petits propriétaires ou fermiers, qui possèdent un capital grand ou petit, en même temps qu'ils travaillent. Cette classe, plus nombreuse en notre pays qu'en aucun autre, n'a pas d'autres intérêts permanents que ceux des bourgeois des villes. Je sais bien que l'empire la réclame : « Nous n'avons, disait un jour M. de Persigny à un ancien ministre de Louis-Philippe, ni vos talents ni votre éloquence ; mais nous avons une chose, nous avons la *terre végétale.* » La terre végétale ne parle point ; elle donne le blé, elle donne le vin, qui devient de l'argent, qui devient l'impôt, qui devient... l'uniforme doré de M. de Persigny. La terre végétale attend, comme elle a toujours attendu, le soleil et la pluie ; mais nos paysans ne sont plus tout à fait ceux que peignait La Bruyère et que rêve le duc de Persigny ; les chemins de fer, les journaux, les machines agricoles, les écoles, le trois pour cent, les actions industrielles, ont tué ce paysan, qui n'avait qu'une haine et un amour, l'amour de la terre et la haine de ses anciens possesseurs. Que pense l'empire de sa « terre végétale » quand il voit les départements, l'un après l'autre, voter pour les candidats de l'opposition, et imiter Paris, la ville maudite ?

Le mot bourgeoisie a encore un autre tort à mes

yeux : on en a couvert je ne sais quel type étroit, sot et ridicule, composé de prétention, de platitude, d'égoïsme, de lâcheté. La *charge* de quelques bohêmes d'atelier a eu cette étrange fortune d'être prise pour l'image d'une partie de la nation. On a réussi à faire à la bourgeoisie honte d'elle-même. Le nom de *roi bourgeois* a été nuisible à Louis-Philippe. Qu'êtes-vous donc, vous tous qui vous moquez de la bourgeoisie, docteurs en démocratie dont les mains ne se sont jamais salies dans aucun atelier? des ouvriers de la pensée? des prolétaires de l'idée? Vous n'avez, n'est-ce pas, ni terre au soleil, ni pignon sur rue, ni rentes sur l'Etat? Vos fils ne sont ni magistrats, ni avocats, ni officiers, ni propriétaires? On épouse vos filles sans dot. Soyons sérieux; tous tant que nous sommes, en 1865, nous sommes, que nous le voulions ou non, des bourgeois, et nous ne sommes que des bourgeois; et vous, qui rejetez ce nom avec hauteur, vous n'êtes que des aristocrates retournés, ou plutôt vous êtes des valets qui ne croiriez pas flatter assez vos maîtres, si vous ne nous insultiez. Prenez garde pourtant : ceux que vous servez pourront bien quelque jour se trouver eux-mêmes convertis en bourgeois. Voilà qu'à Mulhouse on leur bâtit déjà des maisons, dont au bout de quelques années ils se trouvent propriétaires. Ils vont bientôt être actionnaires des sociétés coopératives. Leur blouse se changera en redingote. Les reconnaîtrez-vous encore, propriétaires comme vous, actionnaires comme vous, vêtus comme vous? Leur trouverez-vous alors moins de vertu, moins de courage, de moins nobles sentiments, des idées plus étroites?

Je ne prétends point faire l'éloge de la bourgeoisie au détriment des autres classes ; je ne crois point qu'elle ait toutes les vertus, ni qu'elle n'ait aucun défaut ; telle qu'elle, elle forme une partie très-importante de la nation ; ses habitudes, son esprit s'infiltrent lentement, mais sans interruption, dans les populations rurales ; ce que veut la bourgeoisie aujourd'hui, la France presque entière le voudra demain. On ne fait donc pas de politique sérieuse, quand on affecte d'ignorer ou de mépriser les classes moyennes ; il est facile de les défier, car elles ne sont pas révolutionnaires. Il n'est pas aussi facile de durer sans leur estime et leur concours. Le régime constitutionnel répond bien, ai-je dit, aux vœux et aux sentiments de ces classes ; il laisse une place immense à la liberté et garantit quelque chose contre la mobilité de l'opinion ; il reste, pour une grande partie au moins de la bourgeoisie, une part d'inconnu trop grande dans la République ; elle redoute les changements du pouvoir exécutif dans un pays où les changements deviennent si promptement des révolutions. Le mot seul de République lui rappelle de tristes souvenirs. Le courant du temps l'entraîne pourtant de plus en plus vers les idées démocratiques. Elle n'aspire plus à un monopole politique. Elle a honte d'avoir laissé tomber naguère, comme elle a fait, le gouvernement constitutionnel, et sent qu'elle n'a plus le droit de prendre le peuple sous une sorte de tutelle. A mesure que les républicains sont devenus moins jacobins et plus libéraux, elle s'est sentie devenir plus démocratique. Cette transformation s'est opérée presque à l'insu des anciens chefs reconnus du parti constitu-

tionnel. Tandis qu'ils restaient sous leur tente et nour-
rissaient leur fier ennui, des générations nouvelles
cherchaient de nouveaux points de ralliement; elles
remplissaient peu à peu le gouffre ouvert par la Révolution de 1848; entre le peuple et la bourgeoisie,
abandonnées sans doctrines, elles analysaient toutes les
doctrines; livrées à leurs instincts, elles les suivaient
sans plus se laisser arrêter par les mots, les noms et les
personnes. Elles n'ont pas appris les définitions, les
divisions, les partitions de la politique, comme les sur-
noms et les branches d'une généalogie. Elles n'ont
point l'œil sur un modèle étranger et ne rêvent point,
en France, de whigs ou de tories. Elles se soucient
peu de tel ou tel rouage de la machine constitutionnelle;
et maintes querelles des temps passés ont pour elles
perdu tout leur sens. Elles croient que la monarchie
constitutionnelle peut s'accommoder aussi bien d'une
pairie élective que d'une pairie héréditaire, d'un suffrage étendu que d'un suffrage restreint, de libertés
locales que de centralisation. Elles veulent, non point
que la monarchie serve de moule à la nation, mais la
nation à la monarchie. Devenue ainsi la *chose publique*,
la monarchie leur semble encore la meilleure des Républiques.

Il ne messied pas à des vaincus de conserver une
certaine hauteur, d'avouer leur défaite sans avouer
leurs torts. Pourtant leur sagesse ne devrait point se
faire trop farouche et insociable; les hommes d'Etat
doivent au peuple non-seulement la justice, mais une
sorte de bénignité. Il ne faut point que « leur funeste
amitié pèse à tous leurs amis. » Pourquoi ne point

avouer aujourd'hui qu'il était imprudent jadis de parler du *pays légal*, que ce seul mot était une provocation à l'illégalité ; que les *réformes* électorales si longtemps et si inutilement demandées avant 1848 n'étaient grosses d'aucun danger, et qu'accordées à temps, elles auraient sans doute sauvé la monarchie ; qu'on ne laisse pas impunément circuler dans un pays le souffle *de toutes les libertés, en même temps qu'on demande à la majorité* de la nation de rester simple spectatrice des luttes politiques. Ah ! sans doute, la liberté est en elle-même mille fois préférable à ce seul et unique droit d'exercer une part infinitésimale de la souveraineté nationale ; ce droit, d'autant plus chétif qu'il est exercé par un plus grand nombre, ne passera jamais pour une compensation suffisante de tant d'autres droits perdus. Ce qui fait la pensée libre est ce qui importe le plus, car c'est toujours la pensée qui règle l'action. Ces grands morts, Montesquieu, Tocqueville, ont encore plus de part au gouvernement des affaires humaines que les électeurs vivants de M. Guéroult. L'écrasement des consciences que produit le despotisme est un bien autre mal qu'une loi électorale défectueuse. Mais aussi n'est-ce pas pitié, pour défendre ce qui n'a qu'une importance secondaire, de perdre le principal ? Pourquoi montrer de la défiance au peuple, quand on lui donne tout ce qui peut rendre sa méfiance fatale ? Pourquoi le traiter tantôt en enfant, tantôt en homme ? Pourquoi le laisser errer librement dans l'Eden de la liberté, et lui interdire de toucher à l'arbre de la science du bien et du mal ? Le fruit défendu, en 1848, c'était le droit électoral.

LETTRE IX

Il y a un mot dont je n'ai pas fait usage, en exposant l'état du parti constitutionnel : c'est le mot d'orléaniste. J'aime mieux, je l'avoue, le mot constitutionnel : c'est l'honneur de la maison d'Orléans d'être, en quelque sorte, la traditionnelle et vivante représentation des principes du gouvernement constitutionnel ; mais ceux qui emploient le mot d'orléaniste ont trop souvent l'air de restreindre les amis de ce gouvernement aux amis des princes d'Orléans. Cette confusion a plus d'un inconvénient ; elle embarrasse les partisans les plus désintéressés de la cause constitutionnelle, ceux qui, libres de tout engagement, sans lien avec le passé, dégagés même de cette trop frêle entrave du souvenir, ont épousé des principes sans épouser des personnes, car elle fait injustement retomber sur eux la solidarité d'opinions individuelles que souvent ils sont loin de partager ; elle emprisonne l'avenir du gouvernement constitutionnel, avenir vague, indéfini, forcément in-

certain, entre des limites trop étroites et des formules
trop arrêtées ; elle est une gêne perpétuelle pour les
princes d'Orléans eux-mêmes, car elle met trop en re-
lief leurs sentiments personnels au détriment du grand
principe qu'ils représentent, leur importance individuelle au détriment de leur importance politique.

Comptez, si vous pouvez, le parti orléaniste : vous
n'y trouverez personne aujourd'hui, demain vous y
trouverez tout le monde. Les d'*Orléans*, ainsi que le
public se plaît à les appeler, comme pour exprimer d'un
mot un rôle et des destins communs, ont un grand
nombre d'amis personnels ; mais ils ne leur ont jamais
demandé ce genre de fidélité qu'exigent les prétendants :
pour eux comme pour Henri IV, il n'y a point de roi
de France hors de France. Ils ont toujours pensé à leur
pays plus qu'à eux-mêmes, à ses libertés plus qu'à leurs
propres intérêts. Ils n'ont jamais prêché l'abstention :
condamnés à l'inaction, ils ne l'ont conseillée à personne. Cette France, la terre de leurs aïeux, que, jeunes, ils ont servie eux-mêmes, avec quel courage et
quelle dévotion, on le sait, ils l'aiment trop pour lui
faire aucune violence. Qu'elle se retrouve d'abord elle-
même avant de les retrouver ! Qu'elle sorte de sa lé-
thargie avant que finissent pour eux les amères lan-
gueurs de l'exil ! Qu'elle se reconnaisse elle-même, et
elle les reconnaîtra ! Que peuvent-ils faire, sinon attendre, non pas d'une attente glacée, dédaigneuse, iro-
nique, mais au contraire inquiète, toujours en éveil,
guettant le destin comme nous faisons au chevet d'un
malade. Parler, écrire, ne l'ont-ils pas fait toutes les
fois qu'ils l'ont pu, quand ils ont réussi à briser les toi-

les tenaces que tisse autour d'eux la conspiration du silence ? Ces voix encore jeunes, encore ardentes, n'ont-elles point remué, étonné le cœur de la France, comme des voix des temps passés, comme des échos douloureux bientôt perdus dans l'universel silence ? Vous leur demandez d'agir, vous qui n'avez jamais su agir. Que faisait-il donc celui qui allait tirer l'épée en Italie, et se battait sous la croix de Savoie, ne pouvant se battre sous le drapeau français ? Que faisaient-ils, ceux qui en Amérique allaient chercher les traces de Lafayette et de Rochambeau, et se faisaient les volontaires d'une République, pour témoigner de leur attachement à la liberté et aux traditions de la France ? Vous leur demandez des manifestes. Ces actes ne sont-ils point un manifeste ? Leur nom n'est-il point un manifeste, et ce respect pour la nation, que rien n'a pu ébranler, ni lasser ? Et ce patriotisme, resté si pur, si vierge, sur un sol étranger, sourd à toutes les insinuations, rebelle à toutes les offres, fier, solitaire, abrité sous l'esprit de famille ?

On aura beau faire ; après avoir confisqué leurs biens, on essaiera en vain de confisquer leurs noms ; en vain l'on défendra de les imprimer, de les prononcer ; en vain la police coupera leur arbre généalogique. La France peut n'en pas connaître les derniers bourgeons, elle peut ignorer ce que sont devenues ces fleurs dont elle s'était dit autrefois « et les fruits passeront les promesses des fleurs. » — On lui cache avec soin ce qu'il y a d'intelligence politique, de maturité d'esprit, de noblesse de sentiments chez le jeune prince avec lequel sa curiosité aurait le plus intérêt à se familiariser ; elle

peut ne pas connaître tel ou tel d'entre eux : elle con-
naîtra toujours *les d'Orléans*. Elle sait qu'ils sont
siens, qu'ils lui appartiennent par le sang, par l'esprit,
par le courage, par tant de souffrances communes. Dans
le cœur de tout libéral français qui ne croit point au
droit divin de la République, il y a, soyez-en sûr, un
orléaniste caché.

Cette solidarité profonde, intime, instinctive, est ce
qui donne tant de force à ce groupe d'exilés, à qui il
semble d'abord que rien ne reste. On n'improvise point
les dynasties ; la souveraineté populaire peut satisfaire
tous ses caprices, briser des trônes, élever et abaisser
des idoles, elle ne saurait créer en un jour ce que le
temps seul sait faire. La France peut à sa guise essayer
l'empire héréditaire, le césarisme adoptif, le césarisme
électif, la République avec ou sans président ; le jour où
elle voudra sérieusement la monarchie constitutionnelle,
elle ne pourra se passer de la maison d'Orléans. Elle
n'ira jamais demander une famille royale à quelque
puissance étrangère. Un roi de France doit être un
Français. L'histoire a vraiment d'étranges ironies ; elle
nous montre, exilée loin de son pays, une famille royale
à qui ses plus cruels ennemis n'ont jamais pu reprocher
de ne point aimer son pays, française jusqu'au préjugé,
jusqu'à la moelle, toujours errante autour de la France,
comme ces ombres qui ne pouvaient passer le Styx,
tandis que sur plus d'un trône la popularité a parfois
soutenu des rois de théâtre, étrangers, nouveaux venus,
moins séparés de leurs peuples par la muette pantomime
de l'étiquette que par leurs sentiments, leurs passions et
leurs secrets dédains.

Ne dédaignons pourtant pas les leçons de l'histoire : ce que les peuples demandent, avant toute autre chose, à la forme monarchique, c'est la stabililité du pouvoir exécutif, sa transmission facile et régulière : *major a longinquo reverentia.* La monarchie ne doit jamais parler le langage des partis ; elle ne doit point s'exposer à l'impopularité qui punit toujours l'entêtement et la fierté des doctrinaires. Dirai-je qu'elle n'est qu'un témoin ? Non, mais elle peut rester un arbitre. Qu'elle évite surtout de faire des distinctions dans la nation. Qu'elle aspire toujours à descendre. Qu'elle laisse les hommes d'Etat parler au peuple le langage de la sévérité, lui montrer de la méfiance, défendre leur pouvoir éphémère contre ses exigences et ses prétentions injustes. Elle leur doit bien quelque indulgence en retour d'un pouvoir mis à l'abri des compétitions, des discussions, du temps même. Qu'elle ne souffle jamais la première sur cette bulle légère et diaprée qui s'appelle la confiance ! Qu'elle reste le dernier recours, la dernière espérance ! qu'elle soit vraiment royale en étant vraiment populaire !

Populaire, non doctrinaire ! Voilà, je crois, le seul programme, le seul manifeste que les libéraux constitutionnels doivent demander à la monarchie. Cela dit assez. Quel *théoricien* pourra me réciter les articles des Constitutions futures en ce moment couvées par le destin ? A quoi sert-il d'aller à l'avenir, comme des pédants qui veulent lui faire une leçon ? Gardons intact en nos cœurs l'amour de la liberté, de la vérité, de la justice ; le reste nous sera donné par surcroît. — Séparés longtemps par les souvenirs de 1848, les républicains et les constitutionnels se rencontrent enfin : ils ont marché lentement les uns vers les autres, les armées poussant et entraînant les généraux sans attendre de commandements, pressés comme par une force invisible, irrésistible. Les voilà en présence : des fanatiques, reconnaissant d'anciens ennemis, leur jettent quelques provocations ; elles ne trouvent point d'écho. On se regarde, on s'observe ; les recrues, qui ne se sont rencontrées sur aucun champ de bataille, échangent quelques paroles. Le moment est solennel. Songez que ces deux armées, c'est toute la France libérale, que ces volontés émues qui se cherchent et s'interrogent doivent prononcer sur toutes nos destinées, que la liberté attend, anxieuse, pour savoir si elle a encore quelque chose à espérer ou s'il lui faut se couvrir de ses ailes pour ne point assister à de nouveaux combats honteux, infâmes, dont seul profite le despotisme ; songez que si ces multitudes anonymes n'ont pas assez de bon sens pour distinguer l'ombre et le corps, le fonds et la forme, si elles sacrifient les choses aux mots, si elles n'ont pas le courage de résister à des excitations haineuses et jalouses, si, majorités, elles se livrent à des minorités infimes, comme un troupeau qu'on mène à l'abattoir, alors c'en est fait de nous et de ce seul et dernier bien qui nous restait, de l'espérance.

LETTRE X

Ce tableau des partis politiques français serait in-
complet si, après les grandes armées, je n'arrivais aux
petites armées irrégulières, excentriques. En voici une
tout d'abord qui n'a aucun drapeau, c'est le bataillon
des économistes. Le seul mot de parti fait horreur à
quelques-uns d'entre eux : leur parler d'honneur, d'indépendance, de dignité, de grandeur nationale, c'est
parler à des sourds. La liberté, c'est le droit de vendre
et d'acheter ; voilà leur charte et leur constitution :

> Vous me demanderez si j'aime ma patrie ;
> Oui ; j'aime fort aussi l'Espagne et la Turquie,
> Je ne hais pas la Perse, et je crois les Indous
> De très-honnêtes gens qui boivent comme nous.

Science d'Adam Smith et de Bastiat, je te vénère et
crois à tes préceptes ; mais je n'aime pas autant tous
tes professeurs. Il n'y a point, je le sais, de religion qui
ne vaille mieux que ses prêtres; mais il faut une dose

exceptionnelle de patience pour supporter la niaise
outrecuidance de quelques prêtres de la religion nouvelle, et leur dédain superbe pour ce qui n'est point
eux-mêmes, pour toutes ces chimères dont le monde
a vécu pendant des siècles et des milliers d'années.
N'est-ce pas assez que nos corps vous appartiennent,
marchands, statisticiens, teneurs de livres en partie
double, escompteurs, bande repue, juifs et saints-simo-
niens, doctrinaires shylocks ! Ne touchez point à nos
âmes, respectez nos principes et notre enthousiasme,
denrées dont vous ne sauriez supputer la valeur. Sou-
venez-vous qu'une fois déjà vos pareils ont été chassés
du temple et renvoyés dans leurs échoppes.

J'ai tort de m'indigner : il faudrait rire. La colère
n'est de mise qu'en face de la sincérité. Vous ne me
trompez pas, pompeux et ennuyeux personnage qui
cherchez à prouver que tout est pour le mieux dans
le meilleur des empires, parce que l'Angleterre et la
France échangent plus de produits. Que ne mettait-on
aussi la liberté parmi les articles admis chez nous en
franchise ! Vous voulez, chétif, vous hisser au niveau
des Cobden et des Bright ; mais quand ceux-ci offraient
au peuple anglais le pain à bon marché de la main
droite, tendaient-ils la main gauche pour lui arracher
son abdication et l'abandon de ses libertés? Les grandes
phrases que vous leur empruntez sonnent mal dans
votre bouche. En face de l'empire vous vous fondez en
adulations : en face des libéraux, vous professez un
savant et sceptique dédain pour la politique et les
formes du gouvernement ; double hypocrisie.

Vous prendrai-je au sérieux vous qui, dans un jour

de belle humeur et de gros dividendes, avez comparé la France à une société d'actionnaires et le souverain à un gérant? Votre part est toute faite au chapitre « profits et pertes. » Nous le connaissons tous, le gérant de votre choix, et nous savons quelle part il nous laisserait dans les délibérations de l'assemblée générale.

Je vais quelquefois au corps législatif, et là, vous l'avouerai-je, un de mes premiers regards est pour deux autres économistes, *arcades ambo*, qui sont venus apporter à la majorité le concours de leur talent. J'attends toujours qu'ils répondent à M. Thiers, qu'ils discutent famillionnairement le budget de la France ; mais quoi ! ils votent comme de simples Belmontet. J'en vois un autre, qui a joui, rare honneur et bien digne d'être envié, de l'amitié de Tocqueville : quand il retrouve ses anciens amis affligés de sa conduite, il n'a qu'un mot pour toute défense : Economie politique ! C'est en vérité un pont assez commode pour passer du libéralisme au despotisme. Libéraux, nous dit-on, vous ne l'êtes point ; que parlez-vous de presse, de tribune et de parlements? il s'agit du peuple. C'est nous qui l'avons délivré des vieilles entraves du monopole et de la protection ; nous lui donnons à meilleur marché le pain, la viande, les habits ; nous lui donnons le crédit, nous lui bâtissons des maisons, nous lui donnons l'air, le bien-être et la santé. Que répondre à cela? Il faut se voiler la face ; peut-être bien sommes-nous les jouets d'une illusion ; oui, peut-être, nous qui aimons la liberté, nous ne sommes pas des libéraux, et ceux-là qui nous l'ont prise ont seuls droit à ce nom. Peut-être vaut-il mieux obtenir le libre-échange par un décret

que par la pression de l'opinion publique, instruite par
des discussions et des plaidoyers éloquents. Peut-être
qu'on mourait de faim en France avant l'empire ;
peut-être que le pain et les jeux du cirque ne sont pas
trop chèrement achetés au prix de tout ce que nous
avons perdu ; peut-être que les fers et les cotons anglais
valent tous les sacrifices ; peut-être que les applaudissements du *Times* doivent nous importer bien plus que
ceux de notre conscience ; peut-être que si Manchester
et Sheffield sont contents, Paris doit l'être ; peut-être
que nous avons besoin d'un tuteur, et que nous ne
sommes point capables d'administrer notre fortune
nationale.

Que pensent toutefois nos vaillants économistes,
quand le tuteur viole les règles de la bonne administration ; quand chaque année les dépenses excèdent les
recettes ; quand les millions complémentaires s'ajoutent
aux millions ordinaires, et les supplémentaires aux
complémentaires ; quand la dette dévorante s'étend
comme un cancer ? Si éloquents tout à l'heure, n'ont-ils
plus rien à dire ? Vous parlez d'économie : fi donc !
L'empire s'appelle *million*. Ils ont oublié les chapitres
que, jadis, économistes faméliques, ils ont écrits sur
l'impôt, depuis que leur budget s'est accru proportion-
nellement au budget de l'Etat. Puisque leurs ressources
ne s'épuisent plus, pourquoi celles de la nation ne
seraient-elles pas inépuisables ? La prospérité publique
n'éclate-t-elle pas partout, dans leurs salons, sur les
toilettes de leurs femmes, sur les bordereaux de leurs
agents de change, sur leurs uniformes, que roidit l'or
autant que leur orgueil ?

Se souviennent-ils mieux des préceptes de leur science favorite, de l'*alma mater*, quand la guerre commence ses gigantesques destructions de capital? Bright et Cobden ont eu le courage de s'élever contre la guerre de Crimée : par lequel de nos économistes leur exemple a-t-il été suivi? Contre quelle expédition coûteuse ont-ils protesté, ne serait-ce que par un vote muet? On a même vu l'un d'eux se faire le promoteur, le patron de l'expédition du Mexique : le premier, il a retrouvé la couronne de plumes de Montezuma, il a inventé de confier à des zouaves la régénération des races latines. Rendons-lui justice, il nous promettait aussi des millions, mais nous sommes encore à les attendre.

En vérité, il est difficile de croire à la foi de ces nouveaux prophètes. Ce qui me confirme dans mes soupçons, c'est que je connais nombre d'économistes, des plus savants et des meilleurs, qui, en prenant ce titre, n'ont pas cru devoir abdiquer celui de citoyen, qui pensent que l'homme aussi est un capital et que rien de ce qui le fait meilleur n'est indifférent. Ils n'ont pas seulement souci de son corps, ils se préoccupent aussi de son âme. Ils estiment que la prospérité matérielle n'est qu'un mensonge et ne peut être durable si elle est le manteau de mœurs avides, de passions déchaînées, de convoitises insatiables, et le masque de la misère morale. J'aime mieux écouter ces derniers que les complaisants d'un pouvoir despotique, qui ont trouvé commode de couvrir leur bassesse de formules et de mots qui commandent le respect. Je perds patience, quand j'entends dire gravement devant moi que l'éco-

nomie sociale est le seul objet digne de fixer l'attention
d'un homme sérieux et qu'il faut abandonner la politique aux petits esprits, aux avocats, aux brouillons.
Dire qu'on n'a point de politique, est aussi une politique : c'est celle des gens toujours préparés, qui veulent toujours recevoir sans donner, qui péchent dans
les eaux les plus troubles, qui savent oublier vite, porter
tous les vêtements, qui sont partout chez eux. Montaigne les connaissait déjà : « De se tenir chancelant
et mestis, de tenir son affection immobile et sans incli-
nation aux troubles de son pays, et en une division
publique, je ne le trouve ni beau, ni honneste. »

Que les amis de la liberté commerciale se rassurent,
ils n'ont rien à craindre des libéraux. Si ceux-ci reve-
naient au pouvoir, ce ne serait pas comme les représentants d'une classe ou d'une coterie, mais comme les
représentants du peuple entier. Nous ne sommes pas
tous des maîtres de forges, des filateurs ou de grands
propriétaires fonciers : nous songeons, c'est vrai, à
l'industrie et à l'agriculture nationales, mais nous songeons surtout à la nation.

Nous ne croyons pas que les bons tarifs suffisent à
faire de bons gouvernements, mais nous ne méconnais-
sons pas l'importance des bons tarifs. Un progrès n'est
pas pour nous tout le progrès, mais nous ne sommes
indifférents à aucun progrès. Nous ne croyons pas que
les intérêts d'une partie de la nation puissent être contraires aux intérêts d'une autre partie de la nation ;
nous avons assez de foi dans la vérité de nos principes
pour penser qu'ils n'ont rien à perdre à être discutés ;
nous voulons qu'ils fassent leur chemin dans les esprits

et non pas seulement dans les lois. Nous ne savons pas nous passionner pour des questions douanières et glacer notre cœur en face de toutes les autres questions. Vous apprenez l'économie politique à l'école de l'empire ; nous préférons l'apprendre à celle de la liberté. Nous vous abandonnons Michel Chevalier et Rouher ; nous restons avec Bastiat, avec Hippolyte Passy, avec Cochut, avec Stuart-Mill. Que le pays juge entre nous !

LETTRE XI

Il y a, je l'ai déjà dit, une contradiction visible entre les principes du gouvernement impérial et le principe de l'hérédité. On parade sans cesse le grand mot de volonté nationale; mais la volonté nationale n'a pu se figer à jamais dans le vote du 10 décembre 1851. Vous êtes l'élu des millions; mais que sera votre fils, et le fils de votre fils? Ils ne seront pas, si Dieu prête vie à l'empire, empereurs à un autre titre que les tzars de la Russie ou les souverains de l'Autriche. Vous parlez sans cesse du droit nouveau, mais que sera le droit nouveau pour vos descendants? Il y a des esprits logiques et délicats que cette contradiction choque et offense; ils l'ont surtout bien comprise le jour où est né cet enfant, qui porte aujourd'hui sur sa tête innocente un si lourd, un si redoutable héritage. On a vu se former bientôt une école qui a poussé plus loin l'étude du droit nouveau; ses disciples ne veulent point que l'empire ait la moindre ressemblance avec les vieilles monarchies,

que sa marche triomphale puisse être interrompue par
des minorités et des régences, que la peine de naître
donne seule droit de régner. Ce qu'il faut à la France,
c'est le vrai César, l'homme fort, providentiel, un astre
au zénith et non à l'horizon, un bras puissant qui sai-
sisse le sceptre sitôt qu'il est tombé des mains qui ne
peuvent plus le tenir. L'aigle mort, elle a droit de choisir dans le nid des aiglons.

Est-ce bien choisir qu'il faut dire? N'y a-t-il pas
toujours un aiglon plus vigoureux que les autres, dont
la serre est déjà plus tenace et le bec plus crochu? un
César déclassé, qui retourne à sa vraie place, comme le
ressort qui n'est plus gêné par le poids qui l'arrêtait.
Ce n'est pas un choix qu'on vous demande, c'est une
acclamation. Lui paru, tout ne doit-il pas disparaître?
N'a-t-il pas la marque fatale et le front du prédestiné?
N'est-il pas, lui aussi, un homme-destin? Est-ce au
pied de l'autel qu'une femme dit « non? » On sait déjà
pour qui vous votez, sachant sous qui vous votez. C'est
ainsi que raisonnent nos théoriciens du césarisme. Ils
veulent renouveler de distance en distance les fiançailles
du despotisme et du suffrage universel, retremper le
pouvoir absolu dans les sources populaires, et renouveler assez souvent le contrat entre la force et le nombre pour que personne n'en puisse contester la validité.
C'est à ce parti que pensait Prévost-Paradol quand il
écrivait ces belles lignes dans une brochure qui lui
ouvrit toutes grandes les portes de la prison et lui
entr'ouvrit celles de l'Académie française : « Quel
est, ici-bas, le plus ancien de tous les partis? C'est l'alliance, vieille comme le monde, de la démagogie et du

despotisme ; c'est le désir inique de la toute-puissance, faisant un pacte avec l'aveugle instinct de l'égalité ; c'est ce parti, toujours semblable à lui-même sur des scènes différentes, qui soutenait les tyrannies antiques de l'Orient ; c'est lui qui a créé les petites tyrannies de la Grèce ; c'est lui qui a fondé la vaste tyrannie des Césars, aux acclamations de la population romaine ; et il a encore sur les mains le sang de Caton. Voilà le plus ancien de tous les partis ; voilà le plus redoutable. C'est en vain que le christianisme et la philosophie font la guerre à ce vieil ennemi de la dignité humaine ; il renaît sans cesse, et n'a pas encore fini d'infester la terre. »

Je ne dirai rien de celui autour de qui se groupe la démocratie impériale. Je l'abandonne à l'auteur de la *Lettre sur l'histoire de France* ; je l'abandonne à celui qui sut si bien lui rappeler que la discipline est nécessaire aux familles comme aux nations ; je l'abandonne surtout à ses propres inquiétudes, à ses irrésolutions, à ses désirs, à ses ambitions, à ses colères, à ses dégoûts, à ses impatiences. Mais il faut bien que je parle de son parti, je veux dire de sa cour, car son parti est déjà une cour. Je ne m'étonne pas que quelques gens d'esprit y gardent leurs entrées, car il est assez piquant de passer des coulisses des théâtres dans celles de la politique, d'entendre un prince faire des professions de foi révolutionnaires, s'émouvoir sur le sort des prolétaires, entre les déesses dont un pinceau délicat a tracé l'image sur des murailles pompéiennes. On ne rencontre pas partout des artistes hommes politiques et des hommes politiques artistes, des démocrates courtisans et des

courtisans démocrates, des bohêmes diplomates, des
socialistes satisfaits, des proscrits parmi les proscrip-
teurs. C'est là qu'on entraîne les vertus républicaines
qu'effarouchent les Tuileries ; on ne demande à leur
fidélité, à leurs convictions aucun sacrifice : « Suivez
nous, vous pourrez parler à l'aise de la Révolution —
on en parlera plus que vous. — Si vous vous indignez
contre la barbarie de la Russie, vous aurez des Polo-
nais pour faire chorus. Si vous injuriez l'Autriche, un
Hongrois vous donnera la réplique. Si vous réclamiez
des libertés, on vous les offrira toutes... jusqu'à l'heure
où vous demanderez votre voiture. »

Ce parti n'a pas seulement de somptueuses demeures,
où il convoque les ambitieux, les mécontents et ceux
qui ne sont pas assez contents, les blasés et les ardents,
les roués et les naïfs, tous les rôdeurs de révolutions ;
il a un organe qui a nom l'*Opinion nationale*. Nom
bien choisi ! La nation, c'est nous et nos amis ; notre
opinion, c'est l'opinion de la nation. La *Presse* aussi,
à ses heures, penche du côté de la démocratie impériale.
Mais son dévouement est plus fantasque et plus inter-
mittent ; elle traite un peu trop, avec la démocratie impériale, de puissance à puissance.

Vous ne lisez peut-être pas assidûment le journal
officiel de la démocratie impériale ; pour moi, je n'y
manque jamais, estimant que mes ennemis m'ont toujours fait plus de bien que mes amis. On se souvient de
cette prière comique où, dans ses mémoires, Beaumar-
chais, demandant à Dieu toutes sortes de faveurs, con-
clut en disant : « Et s'il me faut des ennemis, donne-
moi Goëzman. » Que de fois un cri semblable est venu

à mes lèvres, en écoutant certains de nos adversaires ! L'autre jour, par exemple, avec quelle méchante satisfaction je me suis surpris à lire les lignes suivantes, inspirées à l'*Opinion* par un petit pamphlet lorrain dont les auteurs font des vœux modestes pour la décentralisation :

« Nous déclarons, quant à nous, que nous aimons mieux, tyrannie pour tyrannie, celle d'un préfet que celle du président élu d'un conseil général (vous l'entendez ? le président *élu* d'un conseil *élu* également), grand propriétaire terrien (quel crime abominable!), nous écrasant de sa fortune, de son nom (il se sent écrasé d'un nom, ce farouche égalitaire), de tout le poids de sa haine contre-révolutionnaire (qui vous force d'élire un contre-révolutionnaire?), livrant nos enfants au prêtre (vos enfants ne sont donc pas à vous?), reconstituant une autorité véritablement féodale (ô féodalité! que me veux-tu?), où un simulacre d'élection, accompli par des paysans qui ne savent pas lire (et le vote du 10 décembre? et le dogme du suffrage universel?), ne ferait que consacrer cette puissance que donne déjà dans les provinces la possession de la terre (1). »

Vous êtes curieux de savoir qui écrit cela? Il saute aux yeux que ce n'est pas un des habiles de la troupe. M. Guéroult reste un peu plus près du français et du bon goût. Mais les doublures rendent quelquefois mieux dans leur naïveté la pensée vraie, la pensée intime. Elle éclate encore mieux dans cet autre paragraphe du même article :

(1) *Opinion nationale* du 29 août 1865.

« La révolution a été une révélation. Or, à qui appartient-il de l'interpréter ? A tous — *le jour où tous la comprendront. Au petit nombre, qui la comprend déjà* — tant que les préjugés catholiques, monarchiques et féodaux répandront leurs ténèbres sur une partie du pays. »

Est-ce clair ? Ce pontife encore inconnu de la nouvelle révélation se nomme J. Labbé, nom malheureux pour un ennemi des préjugés catholiques, qui ne veut point qu'on livre ses enfants au prêtre ; il ne veut point toutefois que ce nom soit écrasé par celui du président élu d'un conseil général. Pourquoi envie-t-il la fortune de ce grand propriétaire terrien ? N'a-t-il pas sur lui un avantage qui vaut bien la possession de la terre ? Il est du *petit nombre* qui comprend *déjà* la révolution. N'est-il pas un révélateur ?

Ab uno disce omnes. Voilà le langage des prétendus démocrates qui se disent les grands-prêtres de la Révolution française. Qu'on me ramène aux carrières ! Il n'y a rien que je ne préfère à cette démocratie pontificale, envieuse, haineuse, complice de tous les despotismes, qui n'a rien d'autre à reprocher à l'empire que de ne pas assez écraser ses ennemis, et de laisser debout quelques têtes de pavots ; pour qui l'égalité n'est que l'abaissement de tous, et qui cherche à couvrir de trop clairs desseins par l'obscurité d'un langage où le mystique se marie au féroce et le grotesque à l'odieux. Je ne puis croire, pour ma part, que la seconde moitié du XIXᵉ siècle nous rende l'ère entière des Césars et que nous ne valions pas mieux que les Romains. Il n'est pas écrit là-haut que l'égalité doive bannir à jamais la liberté du sol de mon pays, et la France n'est pas réduite encore à s'incliner devant l'infaillibilité des prétendus apôtres qui veulent lui imposer leurs étranges oracles. Pour elle, les Césars déclassés restent des énigmes et ne deviendront pas des idoles. O liberté! quand viendras-tu jeter tes radieuses lumières sur ce cauchemar, tantôt ennuyeux, tantôt horrible? Chasse loin de nous ces fantômes; réveille-nous, rends-nous à nous-mêmes. Dis-nous que nous pouvons toujours aimer, que nous pouvons toujours estimer la France.

SECONDE SÉRIE

—

LETTRE I

Vous avez accordé quelque bienveillance à mes premières lettres où, sans passion comme sans illusions, j'ai cherché à tracer le tableau exact de la politique intérieure de la France ; j'ai essayé d'examiner et de faire mouvoir sous vos yeux tous nos partis, ombres timides et flottantes auxquelles on refuse jusqu'à un nom, dont on peut obtenir le silence mais non l'immobilité, dont on étouffe les plaintes, mais dont on ne réussit pas à étouffer les regrets. Plus attentif qu'un médecin qui veille au chevet d'un malade, je suis depuis quinze ans, dans ses moindres mouvements, dans toutes ses défaillances et dans toutes ses fièvres, cette vie

sourde et, pour ainsi parler, végétative, qui remue
encore l'âme d'un pays, alors même qu'elle semble
morte ou endormie.

Aujourd'hui vous voulez que je vous parle de la politique extérieure de la France. Est-ce bien de la France
qu'il faut dire? Non, c'est de l'empereur. La France
donne son sang, donne son argent, mais ne fait pas sa
politique. Le sujet pourtant vaut la peine d'être traité :
il a de quoi tenter une plume hardie, quand ce ne serait
que pour faire ressortir ce douloureux contraste. Mais
puis-je l'aborder, moi chétif, qui vis dans un coin solitaire? place admirable pour faire de la politique en mo-
raliste, pour observer les transformations des mœurs et
des idées ; très-mauvaise, s'il s'agit de cette haute
comédie qui se joue dans l'Olympe de la diplomatie.
Quand Jupiter fronce le sourcil, je ne l'apprends pas
un instant plus tôt que le dernier des mortels : je vois
tomber le tonnerre à mes côtés, sans que Mercure soit
venu me prévenir. Vous ne trouveriez sur les rayons
de ma bibliothèque ni les volumineuses collections des
Traités, ni les *Archives diplomatiques*, ni l'*Annuaire
des Deux-Mondes*, ni la collection du *Moniteur*, ni
même l'*Almanach de Gotha*. J'aime un style court,
agile, nerveux : la langue des chancelleries, traînante,
incertaine, ou m'irrite ou m'endort ; elle dit trop ou ne
dit pas assez; ses périodes fatiguent l'esprit, tant que
la crainte ne les souligne pas ; enveloppés dans leur
abstraction, les mots y restent ternes et inoffensifs ; dès
qu'ils en sortent, ils prennent quelque chose de formidable. Que veulent dire ou que ne veulent pas dire
« les éventualités de l'avenir, » et « le soin de nos

intérêts, " les « compensations » et les « complica-
tions, » les « considérations accessoires, » les « garanties de sécurité, » etc.? Tout ou rien, suivant l'heure,
le lieu et la vitesse de rotation de la roue de dame Fortune. Tantôt ces locutions ambiguës d'une langue
cosmopolite n'évoquent devant moi que les images de
quelques hommes aimables qui ont appris l'art, inconnu
des augures romains, de se regarder sans rire ; tantôt
je vois surgir derrière elles les longues lignes des
armées, je vois flotter les drapeaux, j'entends les cris
des blessés, des mourants ; mon imagination m'emporte
à travers toutes les horreurs de ces grands champs de
bataille de l'histoire, où les peuplent versent leur sang
le plus précieux pour la plus grande gloire d'un maître
ancien ou d'un maître nouveau. Alors « les éventualités
de l'avenir » prennent tout d'un coup un sens précis,
lamentable et tragique. Le soldat commente le diplomate ; la plume n'est plus trempée dans l'encre et
trace des lignes rougies ; les respectueuses formules
s'achèvent dans le bruit des canons sourds.

Et puis, qui ne le sait? en politique, ce qu'il y a de
plus important à connaître, c'est ce qui ne se dit ni ne
s'imprime. Jamais il n'y a eu tant de secrets qu'en
notre temps de publicité universelle. Il ne suffirait pas,
pour comprendre le présent et pour deviner l'avenir, de
lire les notes les plus secrètes des ambassades, d'assister, invisible, aux conversations des souverains et des
ministres qui sont accrédités auprès de leurs personnes.
La diplomatie a aujourd'hui ses petits comme ses grands
appartements. Le second empire a partout, outre ses
agents officiels, des agents officieux, plus actifs, plus

retors, qui tiennent un autre langage et qui ont d'autres instructions. Les mystères enveloppent les mystères; et derrière toutes ces toiles tendues en sens divers et entrecroisées se cache une volonté solitaire. Je ne sais pas écouter aux portes; je n'ai que du mépris pour les politiques d'antichambre qui ont appris à interpréter un sourire ou un regard, et qui sont tout fiers de suspendre leur attention perpétuelle aux gestes, aux caprices, aux mouvements d'un seul homme. J'aime mieux être trompé que d'acheter d'un prix trop cher la connaissance de certaines vérités. Le silence forcé se réfugie dans le dédain.

Je ne puis donc avoir la prétention de vous rien apprendre; spectateur passif, sans voix et sans autorité, je ne puis faire autre chose que m'incliner devant les « faits accomplis. » Ma génération ne fait point son histoire; elle n'en saurait faire que la philosophie. Le matelot réfugié sur un frêle canot sans voiles, sans rames, sans boussole, observe encore la direction du vent et l'état du ciel : nous faisons comme lui. Il y a pour le monde politique comme pour le monde physique une atmosphère qui change avec le temps; nous pouvons encore analyser celle où nous vivons, soumettre à nos réactifs les poisons qui l'ont lentement pénétrée, et montrer par quels courants elle est traversée.

A ne regarder que l'apparence, il peut sembler téméraire de porter la main sur l'ouvrage élevé par la politique du second empire. A l'intérieur, la critique, hélas ! n'est que trop facile. Devant tant d'abus, d'injustice et de rigueur, elle n'a que l'embarras du choix, comme un bûcheron, armé de sa cognée, qui ne sait quel arbre il frappera d'abord parmi tous ceux dont il est entouré. Les amis les plus dévoués de l'empire font eux-mêmes assez bon marché de sa politique intérieure; ils plaident les circonstances atténuantes, la nécessité, l'hostilité incurable des anciens partis, la coupable légèreté de notre caractère national, incapable de se tenir dans les régions moyennes, toujours prêt à glisser de la liberté dans la licence, de l'opposition dans la révolution. Mais le régime *en soi*, comme dirait un Allemand, qui peut l'admirer? Serait-ce M. de Persigny, cet amant platonique des libertés anglaises? ou M. Rouher, qui ne saurait oublier ce qu'il doit aux institutions libres? ou M. Duruy, ce grand citoyen tout plein des souvenirs de Rome? Il est impossible, disons plus, il serait ridicule de parler sur le ton d'un lyrique enthousiasme d'avertissements, de communiqués, de visites domiciliaires, de police correctionnelle, de censure, de police secrète, de lettres décachetées, de cabinet noir, de destitutions, de saisies administratives, de confiscation. Dans ces bas étages, l'éloquence elle-même prend quelque chose de plus humble, la menace éclate en accents plus sombres, l'inflexibilité cherche à se vêtir de tristesse.

Aussi, dès qu'il s'agit de la politique extérieure, avec quelle impatience retentissent les chants de triomphe! Avec quel souverain et débordant mépris on parle de ces gouvernements passés qui n'avaient point tenu assez haut le drapeau de la France! Comme on fouette nos visages des plis de ce drapeau que l'on a promené en Crimée, en Italie, en Syrie, en Cochinchine, en Chine, au Mexique! L'Europe était assez grande pour le premier empire : le monde n'est pas assez grand pour le second. Non-seulement le second peut, quand il lui plaît, distribuer comme le premier des couronnes, mais il a su faire des rois mêmes d'antique lignée des outils de servitude, comme disait Tacite, *ut haberent instrumenta servitutis et reges*. On nous montre la coalition des grandes puissances du Nord à jamais brisée, la Russie dépouillée de son prestige et réduite à l'impuissance, l'Autriche privée de toute influence au-delà des Alpes, l'Italie reconstituée sous le patronage et la protection de la France, l'Angleterre repoussée respectueusement, sans lutte et par l'étreinte même d'une alliance de plus en plus intime, au rang de puissance de second ordre, la Belgique à la merci de son puissant voisin, Nice et la Savoie devenues des départements français, le rejeton d'une des plus antiques familles souveraines recevant l'investiture d'un empire nouveau des mains du parvenu du 2 décembre, tous les princes venant tour à tour saluer sa haute fortune, l'empereur enfin, juge, arbitre, maître, seul debout devant l'univers muet! Quel tableau !

Ah ! César, si ton triomphe est si complet, pourquoi n'est-il plus permis aux captifs qui suivent ton char de mêler quelques murmures ironiques aux applaudissements qui assourdissent ton oreille? Serait-ce que tu doutes de toi-même? Serait-ce que tu sens combien sont fragiles les cordes qui attachent à ta puissance les respects et les admirations? Que peux-tu craindre de quelques voix obscures et dédaignées? Ne sais-tu pas que tu auras toujours pour toi la voix servile de l'histoire, tant que tu seras le plus fort? Ne sais-tu pas que le vulgaire ne distingue pas entre la fausse et la vraie grandeur, qu'il ne voit que les apparences et ne pénètre jamais dans la profondeur des événements? Il ne discerne pas, dans tes actions, ce qui est fait pour la France et ce qui est fait pour toi-même; dans ta politique, ce qui est national et ce qui est personnel; il n'analyse point les instincts contraires et confus où germent tes desseins; il lui importe peu que tu abandonnes les intérêts pour lesquels tu l'as passionné pour un jour, une fois que tu as obtenu pour ces intérêts quelque satisfaction éphémère; que tu sois plus occupé de la victoire que de ses résultats; que tu aimes mieux étonner la fortune que d'en rien obtenir de durable. Ne reste-t-il pas assez de grands mots et le vocabulaire politique ne s'est-il pas enrichi d'assez de phrases pompeuses pour couvrir les calculs d'une étroite et âpre personnalité? Si ta main nous ferme la bouche, ce n'est point que tu craignes que nous enlevions quelque chose à la gloire que poursuit ton ambition inquiète, c'est, tu le sais, parce que nulle gloire, si pleine, si entière, si incontestée qu'elle puisse être, ne peut nous consoler d'avoir perdu la liberté; l'humiliation de l'Europe et du monde, apparente ou vraie, ne peut nous rendre la fierté; il ne nous suffit pas d'être des instruments. L'ouvrier nous importe autant que l'œuvre : esclaves, il nous réjouit peu d'être les maîtres d'autres esclaves.

LETTRE II

« Enfin, j'ai vu un politique! » — Cette parole
échappait un jour, à propos du souverain actuel de la
France, à un célèbre écrivain, dont l'éclectisme philo-
sophique se repose aujourd'hui dans les dogmes immua-
bles du catholicisme, et dont l'éclectisme libéral ne se
trouve plus à l'aise que dans le souvenir des grands
siècles du despotisme. Cette exclamation n'était peut-
être que la boutade d'un esprit ordinairement plus
brillant que juste, plus épris du grand que du vrai, à
la fois naïf et désireux de ne le point paraître, candide
admirateur de la rouerie, platonique amant d'illustres
pécheresses, inoffensif avocat de toute gloire tapageuse.
Nous ne pouvons penser que ce fût un jugement mûri,
un cri arraché par une conviction profonde et raisonnée.
Comment une si haute intelligence n'avait-elle pas
découvert, il y a longtemps, dans l'auteur des *Idées
napoléoniennes* le « politique » qu'elle reconnaît aujourd'hui si aisément dans l'empereur? Même pour

les philosophes, les idées gagnent-elles donc tant à être
enveloppées par l'appareil de la force et de la puissance ? N'y a-t-il aucun lien visible entre les desseins
caressés déjà dans l'exil et la prison et les actes du souverain qui commande à la plus formidable armée de
l'Europe, et qui est le maître presque absolu de la
France, de sa fortune et de ses destinées ?

Qu'est-ce pourtant qu'un *politique* ? Comme une
pièce de monnaie qui va de main en main, ce mot a
perdu tout sens précis à force d'être employé. Qui en
donnera l'exacte définition ? Quelles figures historiques
en rappelleront le mieux le caractère ? Comme Phidias
empruntait une ligne à chacun de ses modèles, pour
composer une beauté parfaite, faudra-t-il piller l'histoire entière pour rencontrer ce que nous cherchons ?
prendre quelque chose à Philippe de Macédoine et
quelque chose à Charlemagne, un trait à Louis XI,
un autre à Richelieu ou à Mazarin ? Le politique idéal
est-il encore en l'an de disgrâce 1866 le « Prince » que
peignait Machiavel ? La pensée seule ne suffit pas à
faire un politique, si profonde, si magistrale, si prophé-
tique qu'elle soit. On ne s'avise pas, en effet, de donner
ce nom à l'auteur de l'*Esprit des Lois* ni à celui de la
Démocratie en Amérique : on ne le donnait point naguère à celui des *Idées napoléoniennes.* L'action seule
ne fait pas davantage un politique ; car les Attila, les
Tamerlan, Alexandre lui-même n'ont jamais été regar-
dés comme tels ; grands hommes, fléaux de Dieu, voilà
les seuls titres que l'histoire jette à ces illustres instruments de la fatalité. S'il suffisait de remuer le monde
pour être un politique, qui aurait plus droit à ce nom

que le premier Napoléon? Dans quelle capitale de l'Europe n'est-il entré en triomphateur? Il a jeté le désarroi parmi les rois et parmi les peuples ; il a tout changé, tout réglé au gré de sa fantaisie impatiente et sans frein ; il a pétri l'Europe pendant dix ans comme un potier son argile ; il n'a pas accordé à sa fortune un moment de repos ; mais de tant d'entreprises, de guerres, de victoires, d'insolents traités, de violences et d'usurpations, qu'est-il resté pour la France? L'humiliation de la défaite, le territoire amoindri, la menaçante pression d'une coalition longtemps prompte à se reformer, et une poussière vaine où se conservait pour l'avenir le germe d'un nouveau despotisme.

M. Thiers a dit un jour à la tribune : « Il n'y a jamais eu « qu'une politique. » Cela est vrai en ce sens que la politique d'une nation s'inspire toujours, en dernière analyse, de ses intérêts, et que ces intérêts ont quelque chose de permanent, de séculaire, si l'on me permet le mot. On ne peut nier pourtant que le temps ne crée des intérêts nouveaux et ne condamne d'anciens intérêts au dépérissement et à l'oubli. Les nations d'ailleurs ont une vie morale en même temps qu'une vie matérielle ; leur honneur peut souffrir le plus quand leur prépotence est le mieux établie, leur gloire intellectuelle peut briller du plus vif éclat quand leur puissance est la plus amoindrie.

Sous l'empire des idées qui ont illuminé l'Europe depuis cent ans, notre temps s'était longtemps flatté de jeter les fondements d'une politique nouvelle. Cette politique devait.avant tout donner satisfaction aux vœux et aux sentiments populaires : elle répudiait l'esprit de

conquête et d'agrandissement; ménagère du sang et
de la fortune des citoyens, elle ne croyait la guerre légitime que pour la défense du territoire national ou
pour l'intérêt évident de l'équilibre européen. Elle se
promettait de lutter plus avantageusement contre de
lamentables oppressions par le noble spectacle des institutions libres que par les entreprises militaires; elle
apaisait les rancunes et les jalousies nationales, et songeait plus à rectifier les idées que les frontières; elle ne
séparait pas la grandeur du prince de la grandeur du
peuple, les intérêts du présent de ceux de l'avenir; elle
cherchait les alliances durables, et ne déchirait point
les traités le lendemain du jour où elle les avait signés;
elle n'habituait point les hommes à vivre dans les hasards et ne prétendait point leur ôter toute part de responsabilité dans les événements; elle ne cultivait point
chez eux ce goût malsain de l'imprévu, cette curiosité
inquiète qui jette toujours l'âme en dehors d'elle-même,
et l'arrache à tout remords, à toute réflexion; elle ne
pensait point que la grandeur des sociétés puisse être
fondée sur l'avilissement des individus; elle ne dérobait
pas ses desseins à la discussion publique et ne les couvrait
pas de prétextes vains et de scandaleux mensonges; elle
croyait que les moyens importent autant que la fin, et
ne prétendait point régénérer le monde par l'astuce et la
violence; elle cherchait l'estime plutôt qu'une basse
admiration, et voulait inspirer le respect plutôt que la
terreur. Elle ne caressait point des espérances qu'elle
ne pouvait satisfaire, et ne trompait point celles qu'elle
avait encouragées; elle ne donnait pas une main aux
opprimés et une autre aux oppresseurs; elle ne s'ache-

minait pas à la domination universelle à travers les
surprises, les hasards, les défiances et les haines, en
profitant du trouble des consciences et des événements;
elle aimait l'humanité, la liberté, la justice, d'un amour
assez sincère pour être scrupuleux, assez profond pour
se passer de vaines protestations.

Il est, je le sais, une autre politique, que notre temps
a vu se développer avec une sorte de stupeur, où la servilité humaine a bientôt mis je ne sais quelle admiration
étrange, mêlée d'inquiétude et d'effroi. L'humanité, la
France, les intérêts des nationalités sont devenus les
instruments d'une personnalité toute-puissante : la
guerre et la paix, le système des alliances, les entreprises où se joue le sort de la France, tout cela a dû
servir la fortune toujours grandissante d'un seul homme.
A peine la politique nouvelle prête-t-elle encore une
attention distraite aux affaires du dedans; elle en abandonne le soin à quelques serviteurs, qui rivalisent de
zèle pour maintenir un silence perpétuel; elle ne se
complaît qu'aux vastes combinaisons qui embrassent
l'Europe entière et le sort de toutes les nations : on
peut lui appliquer ce que La Bruyère écrivait du ministre : « Il sait parler en termes clairs et formels; il
sait encore mieux parler ambigument, d'une manière
enveloppée, user de mots et de tours équivoques, qu'il
peut faire valoir ou diminuer dans les occasions et selon
ses intérêts... Il demande trop pour être refusé, mais
dans le dessein de se faire un droit ou une bienséance de
refuser lui-même ce qu'il sait bien qu'il lui sera demandé et qu'il ne veut pas accorder... Il fait de fausses
offres, mais extraordinaires, qui donnent de la défiance,

et obligent de rejeter ce que l'on accepterait inutilement, qui lui sont cependant une occasion de faire des demandes extraordinaires, et mettent dans leur tort tous ceux qui les lui refusent... Il ne parle que de paix, que d'alliance, que de tranquillité publique, que d'intérêt public; et en effet il ne songe qu'aux siens... Toutes ses vues, toutes ses maximes, tous les raffinements de sa politique tendent à une seule fin, qui est de n'être point trompé et de tromper les autres. » La politique nouvelle a inventé un droit nouveau, qui n'est à proprement parler que l'absence de tout droit. Elle tient une menace suspendue sur chaque gouvernement, sur chaque traité, sur ses alliés comme sur ses ennemis; elle met, suivant une belle expression de Benjamin Constant, toutes les passions en serre chaude, pour que la maturité soit plus rapide et que la moisson soit plus abondante; elle aiguise toutes les convoitises, elle encourage toutes les espérances, elle remue partout le lit qu'a lentement déposé le flot de l'histoire; en ôtant la liberté à la France, elle a pris comme l'engagement tacite de lui procurer d'autres émotions; elle lui donne la servitude sans repos.

LETTRE III

Le jour où furent prononcées à Bordeaux les fameuses paroles « L'empire, c'est la paix, » il fut aisé de prévoir que l'empire serait la guerre. Il y avait sans doute quelque raison pour qu'on allât, le rameau d'olivier à la main, au-devant de l'Europe, et pour qu'on s'efforçât de dissiper ses alarmes. Le temps a montré que ces appréhensions n'étaient point vaines et que l'instinct des nations avait deviné juste.

Comme le premier empire, le second a été fatalement condamné au système guerrier, plus fatalement même, si cela peut se dire. Quand il usurpa la toute-puissance, le premier consul était déjà le plus grand capitaine des temps modernes. Il ne manquait rien à sa gloire : elle était dans toute sa pureté et son éclat, et s'il se jeta d'entreprise en entreprise, c'est qu'il croyait véritablement qu'il n'y a rien de grand que la guerre ; c'est que son âme inquiète, insatiable et remuante, dédaignait un usage mou et tranquille du pouvoir. Vingt fois il put

s'arrêter, triompher à l'aise de l'humiliation de ses
ennemis, et jouir des faveurs inespérées et presque scandaleuses que la fortune lui offrait ; vingt fois il recom-
mença sans nécessité une lutte qui n'était plus que la
gymnastique de son ambition, sans merci et sans scrupules. Le second empire, quand il s'imposa à la France,
n'avait à lui montrer d'autres trophées que le manteau
sanglant de la liberté. Il sortait de la nuit. Il avait tué
la République, il n'avait rien enfanté. Deux coups de
main ridicules, un coup d'État heureux, tels étaient
ses états de service. Il était affamé de gloire, en disette
de réputation, besogneux d'honneur. On avait trouvé
des arguments convaincants pour faire accepter à Paris
la nécessité du coup d'État ; et Paris une fois muet,
soumis, la France s'était résignée et replongée dans
cette indolente torpeur à laquelle une savante et despotique centralisation l'a depuis si longtemps accou-
tumée. Tous les habiles sentaient pourtant que la
France ne saurait se passer longtemps à la fois de
liberté et de gloire. On lui refusait l'une, il fallait lui
donner l'autre.

Depuis plus de trente ans, le pouvoir avait été plutôt
civil que militaire : il allait devenir plus militaire que
civil. Les affaires du dedans l'avaient trop occupée : il
fallait l'occuper des affaires du dehors. Chose trop
facile ! car il n'y avait besoin que de chatouiller les
passions dominantes de la nation, ses instincts les plus
séculaires et les plus profonds : *Ferox gens nullam esse
vitam sine armis putat.* Il faut se reporter par le souvenir au lendemain du 2 décembre pour bien se persuader que le pouvoir nouveau était dans l'obligation

de faire *quelque chose*, et, pour lui, faire quelque chose ne pouvait signifier que faire la guerre. Quel silence morne après tant de bruit! quelle obscurité après tant de lumière! Il fallait se hâter d'arracher la France au sentiment de sa honte, à son repos farouche, à ses rêves douloureux, à ses amers regrets. Au sortir d'une période de plus de trente ans, si féconde en émotions politiques, après tant d'agitations et d'élans passionnés, après avoir vécu d'une vie si pleine, si virile et si souveraine, allait-elle se résigner à prêter seulement l'oreille au long monologue du pouvoir, ou aux dialogues de quelques interlocuteurs serviles? Les voix qui lui étaient le plus chères, étouffées ou proscrites, le canon seul pouvait les remplacer. La passion guerrière allait disperser les remords et les souvenirs importuns, jeter ses éclairs dans les ombres de la servitude, s'emparer de toutes les âmes et les conduire à des hasards toujours nouveaux. En énumérant les causes de la guerre de Crimée, M. Dunoyer, dans le *Second Empire*, a dit avec raison : « Quant au chef du gouvernement français, les considérations personnelles et très-âprement intéressées qui, en dehors de toute idée de conquête, lui ont mis les armes à la main, sont d'une plus grande évidence encore ; on peut dire que la guerre était pour lui de la nécessité la plus impérieusement pressante, parmi les difficultés qu'avait fait naître pour lui, à l'intérieur, le succès même de son usurpation. S'il n'en avait pas besoin pour s'emparer de pays nouveaux, il en avait besoin pour affermir la grande acquisition qu'il avait faite le 2 décembre. Ce n'était aucune province turque que le nouvel empereur des Français était

pressé d'aller conquérir en Orient : c'était la France. »
M. Kinglake, dans son *Histoire de la guerre de
Crimée* (ouvrage aussi remarquable dans sa partie
diplomatique et politique qu'il est injuste et faux dans
sa partie militaire), met aussi au rang des causes de la
guerre l'obligation où se trouvait le nouveau souverain
de distraire la France de la servitude, de la précipiter
dans les événements où elle pouvait trouver de la
gloire en même temps qu'elle y trouverait l'affermisse-
ment de son pouvoir encore précaire. Le baptême du
sang est, dit-on, utile à tout gouvernement nouveau :
il était nécessaire au gouvernement du 2 décembre.
Par quels souvenirs avait-on ému le peuple, quand la
Constitution républicaine l'avait appelé à choisir un
Président? Que voulait dire le nom qu'il avait jeté
dans l'urne? Croyait-il naïvement que les vivants puissent se draper toujours dans des gloires posthumes? Ne
désirait-il pas secrètement voir une suite à cette épopée
impériale dont la grandeur avait ébloui et trompé son
imagination? N'avait-il pas fait au meilleur de ses
gouvernements un grief d'avoir trop aimé la paix? Des
rêves ambitieux ne s'étaient-ils pas en tout temps mêlés
comme un alliage impur à son libéralisme?

Le nouvel empereur ne pouvait célébrer ses véritables fiançailles avec la France que sur un champ de
bataille. Il fallait faire oublier la campagne de Paris
par d'autres campagnes. L'aigle ne devait pas seulement
ronger le cœur de Prométhée, il devait aller faire sentir
partout son bec et sa griffe. La guerre n'était pas seulement le seul moyen de se faire accepter de la France,
c'était le meilleur moyen de se faire accepter par l'Eu-

rope. Les souverains, à peine revenus de leurs terreurs de 1848, et presque tous reconnaissants envers le restaurateur de l'ordre, le regardaient pourtant avec une froideur mêlée de répulsion et de dédain. Ils devinaient un ennemi dans ce parvenu. En adoptant une politique agressive et provocatrice, l'empereur les força de compter avec lui, de rechercher son alliance, de ménager son orgueil. Il dirigea les premiers coups contre celui dont la farouche vanité avait dans les premiers jours salué avec le plus de mauvaise grâce sa fortune inattendue. Les guerres subites, les paix prématurées, les négociations publiques ou souterraines, les congrès, les alliances nouées et dénouées à propos, tout fut mis en œuvre pour que l'empire nouveau fût entouré du moins des apparences du respect.

L'empire, enfin, avait encore un troisième but en se faisant guerrier : il devait quelque chose à l'armée. Il avait besoin de la guerre pour s'emparer complétement de son premier et principal instrument : il fallait lui faire oublier ses généraux les plus chers, ceux qui l'avaient organisée, aguerrie, disciplinée ; il ne pouvait la faire *sienne* avec de l'argent seulement, avec des priviléges, des récompenses ; il fallait lui donner de grandes tâches à accomplir, et lui offrir un but digne de son courage et de son ardeur. Il l'avait trouvée patriotique et nationale, il voulut la rendre dynastique et l'attacher au souverain autant au moins qu'au pays. Il voulut refaire cette armée qui, au milieu de l'indifférence ou de la réprobation de la France, avait couru au devant de Napoléon revenu de l'île d'Elbe et l'avait ramené aux Tuileries, cette armée dont les débris conspirèrent pendant toute la Restauration, et perpétuèrent le souvenir de l'idole renversée. Les deux meilleurs instruments de servitude sont le *fonctionnarisme* et le *militarisme* (il faut de vilains mots pour de vilaines choses). « Un système de guerres prolongées ou renouvelées sans cesse, dit éloquemment Benjamin Constant dans son *Essai sur l'esprit de conquête*, crée une masse imbue exclusivement d'esprit militaire... La classe désarmée leur paraît un ignoble vulgaire, les lois des subtilités inutiles, les formes d'insupportables lenteurs; ils estiment, par-dessus tout, dans les transactions comme dans les faits guerriers, la rapidité des évolutions. L'unanimité leur semble nécessaire dans les opinions, comme le même uniforme dans les troupes ; l'opposition leur est un désordre, le raisonnement une révolte, les tribunaux des conseils de guerre, les juges des soldats qui ont leur consigne, les accusés des ennemis, les jugements des batailles. »

Les traits de ce tableau ne peuvent heureusement s'appliquer à l'armée française même après dix ans de guerres, même après la création de la garde et de la caisse de dotation de l'armée, même après l'introduction des régiments algériens dans les garnisons françaises, même après les *pillages de la Chine* et les *exécutions sommaires*. Nos soldats ne sont pas devenus des prétoriens. L'armée n'est pas encore une nation dans la nation : puisse-t-elle ne jamais le devenir !

LETTRE IV

J'ai montré que trois intérêts puissants poussaient le second empire à la politique guerrière : le besoin de donner à la France, au lieu de la nourriture substantielle de la liberté, la nourriture creuse de la gloire ; le besoin de prendre position en Europe ; enfin la nécessité d'occuper l'armée. Sous le gouvernement constitutionnel, on avait parlé de *paix à tout prix* : on allait avoir la *guerre à tout prix*. Quand on se pénètre de cette idée, quand on s'y fixe sans l'abandonner un seul moment, l'on voit une singulière clarté se répandre sur la politique des premières années du second empire.

Bons lecteurs, dont la curiosité patiente reste tous les jours suspendue à une intrigue interrompue, pour qui « la suite au prochain numéro » demeurera toujours un abîme obscur où l'espérance lutte contre la crainte et le crime contre la vertu, une échappée ouverte sur le hasard et l'inconnu, vous ne saurez donc jamais qu'à la fin de mon roman je n'ai d'autre choix que de tuer ou de marier cette héroïne dont les aventures vous ont mis si longtemps en émoi? Mais quand vous montez du rez-de-chaussée de votre journal aux étages supérieurs, il semble que vous soyez encore plus candides et plus naïfs. Ne saurez-vous donc jamais que quand on a envie de commettre une violence, on commence par parler de sa modération? Quand on a des desseins ambitieux, on vante son désintéressement. Quand on adresse des conseils amicaux, c'est un signe qu'on a des sentiments hostiles. Si l'on met quelqu'un en garde contre un danger, c'est qu'on désire que ce danger se produise. Ne comprendrez-vous jamais ces belles choses, et l'histoire aura-t-elle toujours pour vous le caractère du roman?

La guerre de Crimée a été la première étape de la nouvelle politique. Le prétexte, quelques-uns s'en souviennent peut-être encore, fut la question des Lieux-Saints. Au moyen âge, Pierre l'Ermite avait mené l'Europe à la conquête du tombeau du Christ; mais depuis saint Louis on n'avait pas montré beaucoup de disposition à recommencer la *folie* des Croisades. N'importe, au premier acte, tout est bien pour nouer l'action. Depuis longtemps on réclamait pour les prêtres latins le droit de dire la messe dans quelques sanctuaires dont l'usage nous était garanti par d'anciens traités tombés en désuétude ; des prêtres grecs s'en étaient depuis longtemps emparés, sans que notre dignité ait paru en avoir beaucoup souffert. Si quelque chose devait l'offenser, ne serait-ce pas que le bâton turc protége dans les Lieux-Saints les exercices religieux des chrétiens, orthodoxes ou schismatiques ?

Après le coup d'État de décembre, l'obscure querelle de quelques moines va devenir le germe d'une guerre européenne. Le nouveau « fils aîné de l'Église » prend à Constantinople le verbe menaçant : il lui faut tous les anciens sanctuaires, et même quelques-uns de plus. Pendant qu'il dit tout bas à la Russie que cette affaire des Lieux-Saints est de peu d'importance et qu'on ne se querellera point avec elle pour cette misère, il épouvante le Divan et arrache à sa terreur toute les concessions qu'il lui plaît de réclamer. La Russie s'irrite à son tour, enfle la voix et obtient en février 1852 un hatti-cheriff qui rétablit les choses sur l'ancien pied à Jérusalem.

Voilà l'affaire engagée : arrivons au second acte. Le traité de 1841 défendait aux vaisseaux de guerre des grandes puissances l'entrée des Dardanelles. L'ambassadeur de France, courroucé, revient pourtant sur le *Charlemagne*, obtient un firman pour entrer dans le Bosphore, et arrive devant Constantinople, faisant feu de tous ses canons et toutes les flammes flottant au vent.

Après cette *démonstration*, des négociations s'engagent ; mais des deux côtés on pense déjà à tout autre chose qu'à l'objet des négociations. Fatigué de ces lenteurs et piqué au jeu, Nicolas veut à son tour user de l'intimidation : il répond à l'entrée du *Charlemagne* par la mission Menschikoff ; il se jette sottement dans le piége qu'on lui avait tendu. Le gouvernement français, le premier, avait pris vis-à-vis de la Porte une attitude comminatoire ; son adversaire crut naïvement qu'il fal-

lait faire de même. Aussitôt on sonne l'alarme dans
l'Occident : c'est la guerre que Menschikoff est venu
apporter dans les plis de son fameux paletot, la question d'Orient est ouverte, le *malade* est à l'agonie : il
faut veiller à l'héritage. A peine encore parle-t-on des
Lieux-Saints : le « fils aîné de l'Église » est devenu
tout d'un coup sur ce point d'une modération tout à
fait voltairienne. Il veut qu'on mette sa douceur étudiée
en contraste avec la hauteur moscovite.

Mais si doux qu'on soit, il faut qu'on prenne des
précautions : avant donc qu'on sache ce que Menschikoff vient demander à la Porte, l'on fait partir déjà
pour la Grèce la flotte de la Méditerranée. On affecte
des appréhensions terribles, on appelle toute l'Europe
au secours de la Turquie. Lord Aberdeen, par amour
pour la paix, le prince Albert et le roi Léopold, parce
qu'ils ont mieux pénétré les intentions de la politique
française, tentent un moment de rendre la guerre impossible, en interposant entre la France et la Russie des
médiations puissantes. Mais la nouvelle politique a
déjà trouvé ses complices et ses dupes en Angleterre :
l'astre de lord Palmerston se lève et monte, digne satellite, vers l'astre impérial. Le concert d'injures que la
presse anglaise a vomies contre l'auteur du coup d'État
cesse comme par enchantement. L'Angleterre a aperçu
tout d'un coup un moyen inespéré de frapper la Russie
et de détruire sa marine naissante : à l'instant toutes
ses ardeurs suivent celui qui a fait briller cette espérance à ses yeux.

Que demandait cependant Menschikoff? 1º que les
choses redevinssent à Jérusalem ce qu'elles y étaient

depuis soixante ans ; 2° que les droits des sujets grecs de la Porte, déjà placés sous le protectorat de la Russie par les traités de Kainardji et d'Andrinople, fussent mieux reconnus et consacrés par des *engagements plus précis*. Raisonnables ou non, on ne s'occupait guère de ces demandes à Londres et à Paris. On racontait les entretiens confidentiels de Nicolas avec l'ambassadeur d'Angleterre, et l'on faisait pénétrer dans les esprits la croyance que l'empereur de Russie croyait le moment venu pour exécuter ses ambitieux desseins.

. En vain le czar envoie-t-il mémorandums et notes pour affirmer qu'il ne veut point tirer parti de la faiblesse du *malade*. En vain demande-t-il qu'on ne le juge pas plus sévèrement que la France : on ne veut plus l'écouter. La Russie avait pourtant de sérieuses raisons pour défendre son influence sur la Porte : les *intérêts religieux et civils* de douze millions de chrétiens soumis au bon plaisir des pachas pouvaient bien être mis en balance avec l'amour-propre de quelques moines latins de Jérusalem. Fallait-il faire la guerre pour faire écarter la demande faite en faveur de ces douze millions de *chrétiens* ! Si l'on ne voulait pas que la Russie fût leur seule protectrice, ne pouvait-on s'associer à la demande de la Russie ? Le protectorat *européen* a été imposé à la Turquie après la guerre ; ne pouvait-il l'être avant ?

Soyons sincères : il y a un moment où les mots ne sont plus que des mensonges : Lieux-Saints ! Indépendance de la Turquie ! L'homme malade et son héritage ! autant de formules qu'on livrait au vulgaire, autant de paravents derrière lesquels on cachait ses desseins.

Arrivé à Constantinople le 28 février 1853, le prince Menschikoff ne précise ses réclamations que le 5 mai ; il les renouvelle plusieurs fois en les atténuant toujours ; en face d'un refus obstiné, il se retire lentement et comme à regret. C'est seulement quand l'Angleterre et la France ont envoyé leur flotte à Besika que la Russie se décide à envahir les Principautés. L'Autriche offre sa médiation : la Russie l'accepte d'emblée. Elle appose sa signature à *l'acte de Vienne*, avec la seule réserve que la Porte devra aussi le ratifier par une acceptation pure et simple. Mais qui donc, à la dernière heure, quand déjà on croit tenir la paix, quand lord Russell et M. Drouyn de Lhuys se félicitent du succès de leur œuvre, qui donc vient souffler à la Porte l'esprit de chicane et de résistance ? Les objections qu'elle soulève paraissent misérables à M. Drouyn de Lhuys. La conférence de Vienne, écrit-il le 22 septembre 1853, a déclaré, *à l'unanimité*, que les modifications réclamées par le divan n'avaient *aucune importance.* »

Cette note de Vienne, préparée *aux Tuileries*, devenue, par le soin de l'Autriche, la base de la négociation, acceptée des quatre grandes puissances, qui donc inspire à la Porte cette hardiesse d'en rejeter la première les termes ? La Porte demande des corrections le 20 août, et plus d'un mois après, le 27 septembre, la Russie fait ses objections aux corrections demandées par la Porte. A ce moment l'empereur des Français prend la plume ; il reproche à l'empereur Nicolas *de détruire par des commentaires explicatifs tout* l'effet conciliant de son acceptation première de la note de Vienne : on l'empêche ainsi, ajoute-t-il, *d'insister* à

Constantinople sur son acceptation pure et simple. On se donne l'air aux yeux de l'Europe de faire un dernier et solennel effort pour la paix, on réussit au contraire à blesser, à irriter profondément son adversaire et à rendre toute transaction impossible. M. Drouyn de Lhuys pourrait mieux que personne apprendre au monde les secrets de la conférence de Vienne ; mais M. Drouyn de Lhuys, ministre des affaires étrangères, se souvient-il encore de ce que disait, dans un petit cercle d'intimes, M. Drouyn de Lhuys, diplomate trompé et sénateur démissionnaire? Il ne comprenait pas alors toutes les finesses de la politique conspiratrice. Quand on lui disait de parler paix, il pensait paix ; il ignorait que certaines négociations ne sont utiles qu'à la condition de ne pas aboutir, et que pour mieux réussir il faut savoir quelquefois échouer.

L'Angleterre, après quelques hésitations, avait adopté pleinement le « *mode spécial d'action* » (lettre de lord Clarendon à lord Cowley du 24 décembre 1853) du gouvernement français ; sa flotte était arrivée après la nôtre dans les Dardanelles ; mais elle s'était associée à toutes les démarches, à toutes les prétentions de la France ; elle avait laissé avorter la note de Vienne ; comme Napoléon III, elle voulait la guerre, et elle y marchait sans plus tenir compte des explications de Nicolas et des chances d'accommodement. L'œil fixé sur Sébastopol et la marine russe, elle laissait le tentateur la conduire et n'avait plus rien à lui refuser ; elle mettait la main de sa souveraine dans la main de Napoléon III. Avant que l'épée fût tirée du fourreau, la nouvelle politique triomphait déjà. En cherchant un

ennemi, elle avait trouvé un allié ; elle sortait de l'isolement, elle agrandissait son théâtre, elle obtenait le
silence, l'attention anxieuse, la crainte non pas seulement de la France, mais de l'Europe entière.

LETTRE V.

J'ai parlé des origines de la guerre de Crimée : de cette guerre même je n'ai rien à dire ici. A peine est-il besoin de rendre hommage à l'héroïsme déployé par l'armée française. Ses hauts faits appartiennent à l'histoire. Si je voulais soulever quelques critiques, ce ne serait point contre les braves gens qui sur une terre lointaine, dans la lente et sanglante guerre des siéges, sous un ciel inclément et à travers des difficultés toujours renaissantes, ont donné tant de preuves de vaillance et de dévouement. Je montrerais seulement comment, la victoire obtenue et Sébastopol tombé, on négligea pendant les derniers jours cette armée dont on n'avait plus rien à attendre, comment le grand souci qu'on avait montré de son bien-être et de ses souffrances se refroidit sitôt que les regards de l'Europe se détournèrent de la Crimée pour se porter sur le théâtre où la diplomatie allait tirer les conséquences des faits accomplis.

C'est de ces conséquences seules que je voudrais m'occuper ; au passif de la guerre de Crimée, on sait ce qu'il y a de millions et de vies : qu'y a-t-il donc à son actif ? J'entends dire tous les jours que la guerre de Crimée a brisé à jamais l'alliance des puissances du Nord. Je me méfie singulièrement, je l'avoue, de ces phrases stéréotypées que répètent avec des airs importants les Prudhommes politiques. Au risque de leur sembler fort ingénu, je suis obligé de confesser que je n'ai jamais cru à cette terrible *alliance du Nord*. La Sainte-Alliance de 1814 et de 1815 n'a point duré jusqu'en 1862, et n'a point rendu le dernier soupir entre les bras de Napoléon III. Qu'est-ce qui fait les vraies alliances ? la guerre. Qu'est-ce qui les dénoue ? la paix. Ceux-là connaissent bien peu l'histoire du commencement de ce siècle qui croient qu'il fut facile de tenir en faisceau les forces combinées de l'Europe, même contre Napoléon Ier. Il ne fallut rien moins que les efforts passionnés de l'Angleterre et l'habileté byzantine d'Alexandre pour garder serrés des nœuds qui d'eux-mêmes tendaient toujours à se défaire : sans cesse il fallait presser les tièdes, épouvanter les timides, tenir l'œil sur les négociations particulières et secrètes. L'Autriche, qui jamais ne pécha par l'enthousiasme, n'oublia pas un moment qu'une de ses archiduchesses était sur le trône de France. Chaque souverain avait ses arrière-pensées, ses ambitions secrètes, faisait ses réserves ; le véritable, le plus solide soutien de la Sainte-Alliance fut la folie de Napoléon, qui convertit en ennemis ceux dont il aurait pu gagner la neutralité, sinon l'appui, et qui força « le monde à conspirer la perte d'un seul homme. »

Les traités de Vienne, en prétendant donner une consécration solennelle à la Sainte-Alliance, révélèrent en réalité les profondes divisions de l'Europe ; l'organisation donnée à la confédération allemande rendit toute action *commune presque impossible au-delà du* Rhin. Depuis 1815, l'Autriche et la Prusse se disputent la suprématie en Allemagne ; elles *ne s'accordent que pour* écarter les petits États du grand théâtre de la politique et pour mettre des entraves au développement de l'idée unitaire. Toutes les fois que la France a regardé en face le sphinx européen, elle lui a fait baisser les yeux. Les menaces de Sainte-Alliance ont duré longtemps ; la Sainte-Alliance elle-même n'a pu durer plus longtemps que les causes qui l'avaient fait naître. Si quelque chose pouvait la fait revivre, ce ne serait qu'une tentative soutenue, suivie et patiente, faite par la France pour établir sa prépotence absolue. « L'Europe, quelle est cette femme ? » disait un jour spirituellement je ne sais quel diplomate. M. de Metternich se trompait quand il prétendait que l'Italie n'est qu'une expression géographique : cela pourrait se dire avec plus de vérité de l'Europe. Les traités de Vienne ont été déchirés bien avant 1862, et quelquefois par d'autres que la France. L'Alliance du Nord n'a empêché ni la révolution de 1830, ni la fondation de l'indépendance belge, ni la conquête de l'Algérie. Lord Palmerston, en 1840, en évoqua le fantôme ; mais il ne le fit point sortir des limbes diplomatiques. Si à ce moment la France avait voulu tirer l'épée, les savants et perfides arrangements de la diplomatie eussent sans doute été déjoués ; dans les pays constitutionnels, les ministères se suivent et ne

se ressemblent pas, et dès cette époque, l'Angleterre
eût peut-être découvert qu'il valait autant avoir la
France pour alliée que pour ennemie.

Il faut un peu d'impudence pour dire que la guerre
de Crimée a brisé l'alliance du Nord à ceux qui se souviennent de l'attitude que prit l'Autriche dès le début
de la guerre. Interrogez un Russe et demandez-lui quels
sentiments l'on éprouvait alors à Saint-Pétersbourg à
l'égard de cette puissance. L'Autriche est-elle donc dé-
sintéressée dans le règlement de la question d'Orient?
Ne doit-elle pas autant que la Russie chercher à éten-
dre son influence dans les principautés et dans toute la
vallée du Danube? N'étonna-t-elle pas, par son ingratitude, celui qui l'avait aidée à vaincre la Hongrie soulevée? N'alla-t-elle pas jusqu'à promettre d'appuyer si
besoin était, *par les armes*, la note de Vienne? Son
attitude vis-à-vis de la Russie fut dès le premier jour
et resta constamment celle de la malveillance et de l'ini-
mitié. En Prusse, les sympathies pour le czar ne sorti-
rent point du demi-jour discret d'une coterie; elles ex-
pirèrent en conversations, en confidences, en dépêches
secrètes qui méritaient à peine les honteux efforts auxquels la politique conspiratrice eut recours pour en découvrir la teneur. Singulière alliance, en vérité, que
celle qui ne plaça aucun obstacle entre l'Occident et
l'Orient, qui livra les principautés danubiennes à l'Autriche aussitôt que la Russie fut contrainte de les éva-
cuer, et qui ne tenta aucune diversion contre deux
puissances qui pendant deux ans combattirent la Russie
comme en champ clos dans une péninsule si éloignée
de leurs frontières!

La guerre de Crimée a-t-elle au moins affaibli la puissance de la Russie? Écoutez sur ce point ce qu'écrivait M. de Tocqueville à M. Odilon Barrot le 20 janvier 1866 : « La Russie sortira de cette guerre humiliée, abaissée, mais à peu près aussi forte qu'au commencement. Elle gardera sa position dans la mer Noire et en Asie; Nicolaïew remplacera Sébastopol; elle n'en sera pas moins l'espérance des races slaves, elle n'en pénétrera pas moins au cœur de l'Europe civilisée par la Pologne, et le jour peut-être prochain où l'union qui s'est faite contre elle sera dissoute, on la reverra presque aussi menaçante qu'elle était. Je crois que quand, dans vingt ans, on apercevra de loin l'effet que cette guerre a atteint, on s'étonnera de la petitesse du résultat comparé à la grandeur de l'effort, aux flots de sang versé et aux trésors perdus en la faisant.

« Jai toujours dit et je répète : la guerre était bonne, quoi qu'elle coûtât, si elle repoussait territorialement la Russie du sud et de l'occident de l'Europe et élevait de solides barrières de ces côtés, en y établissant des forces indigènes en état de l'arrêter ou de l'amortir; dans le cas contraire, je ne saurais y voir autre chose qu'une entreprise plus dynastique que nationale. » Paroles prophétiques, comme presque tout ce qui sortit de la plume de ce penseur éminent, dont l'intelligence n'était si clairvoyante que parce que son cœur était si haut. Les affaires récentes de Pologne ont permis d'en vérifier toute l'exactitude. Si la guerre de Crimée a diminué quelque part la force d'expansion de la Russie, c'est précisément du côté où elle est le moins à redouter, du côté de l'Orient. Moins on veut que la Russie grandisse en Europe, plus il faut la laisser grandir du côté de l'Asie. Fermer toutes les issues à l'activité d'une nation jeune, vigoureuse, enflée du sentiment confus de ses grandes destinées, est une entreprise chimérique. Ce n'est point servir la civilisation, c'est l'exposer aux risques les plus redoutables. Si pourtant l'on croit que la Russie soit une menace permanente pour l'Europe, que son influence soit funeste et mauvaise, si l'on voulait rejeter absolument le poids importun qu'elle jette dans la balance politique, fallait-il s'arrêter après la prise de Sébastopol ? Pourquoi ne pas suivre notre pointe ? Pourquoi ne point achever dans la mer Baltique ce qu'on avait commencé dans la mer Noire ? Pourquoi ne donner à ce moment décisif aucun espoir à la Pologne ? Mais non, c'était assez d'avoir mis une page glorieuse au *verso* de la page du 2 décembre, c'était assez de donner à Paris le pompeux spectacle d'un congrès et à l'histoire un pendant à l'entrevue de Tilsitt.

LETTRE VI

La guerre de Crimée, à mon sens, n'a point brisé
« l'alliance du Nord ; » elle n'a pas affaibli d'une manière sensible et durable la puissance de la Russie ;
qu'a-t-elle fait du moins pour les populations chrétiennes de l'Orient et pour les intérêts au nom desquels elle
avait été entreprise? C'est ici qu'on verra éclater un
des caractères de la nouvelle politique ; tant qu'une
question est sur le premier plan ou tant qu'on veut l'y
attirer, on n'épargne rien pour la rehausser et la grandir ; quand on a obtenu pour la cause qui un moment
a ému le monde entier une victoire apparente ou réelle,
on l'abandonne au temps, à la fortune, au hasard. Les
hommes-destin ne sont point les tisserands toujours occupés à renouer leur fil qui se brise : ils paraissent seulement où il y a un nœud gordien à trancher. Ils voudraient faire croire que leur œil est partout, et parfois
ils laissent percer de vastes projets où chaque pays,
chaque province, chaque nationalité a sa part, où le

13.

Nord et le Sud, l'Occident et l'Orient se font en cadence des *compensations* et entrecroisent des *combinaisons* : chimères que tout cela ! Dans la pratique on n'a
jamais qu'*une* question, comme les enfants, au milieu
de cent jouets, n'ont qu'un jouet. Les abeilles changent de ruche, mais elles ne travaillent jamais que dans
une ruche. Malheureusement, les événements n'obéis-
sent pas toujours servilement, même aux hommes providentiels ; des difficultés surgissent, les solutions hâtives sont enrayées ; il arrive ainsi qu'il y a toujours
une question favorite et une question importune. On
montre celle-là au peuple, on lui cache celle-ci. On est
intraitable sur la première, on est aussi accommodant
que possible sur la seconde. Voilà pourquoi notre diplomatie a le verbe tantôt si haut, et tantôt si doux,
pourquoi elle flotte du machiavélisme à la naïveté, de
la violence à la faiblesse, de la résolution à la plus
molle et placide indifférence. La politique nouvelle
n'aime que les commencements, car il n'y a que les
commencements qui aient le don d'étonner le vulgaire.
Elle n'achève rien, soit qu'elle craigne seulement de
lasser l'attention du public, soit qu'il ne lui déplaise
point de laisser les choses dans l'incertitude et de confier à la paix le germe des guerres futures.

Le traité de Paris a solennellement mis les populations chrétiennes de l'empire turc sous la protection
commune de l'Europe. Il a promis aux chrétiens l'égalité devant la loi avec les musulmans, il a imposé à la
Turquie des réformes dans son administration intérieure.
Dans l'application, rien de sérieux, je le crains, n'a été
opéré. On a donné un vernis plus européen à Constan-

tinople, mais la Turquie reste la Turquie. La machine du gouvernement reste la même ; seulement on a ajouté aux anciens rouages quelques rouages nouveaux. Suivant l'intérêt et les besoins du moment, on se sert des uns ou des autres ; l'oppression s'exerce tantôt au nom des vieilles coutumes musulmanes, tantôt au nom du hatti-houmayoun. La grande croisade entreprise par les puissances chrétiennes en faveur du croissant a troublé toutes les idées dans l'Orient. Les chrétiens ont perdu toute foi dans l'Occident : ils savent que la protection collective de l'Europe est inefficace et plus nominale que réelle ; les vieux Turcs, d'autre part, bien que n'obéissant pas au hatti-houmayoun, trouvent que sa lettre même est une injure pour leur foi. Des deux parts, on sent que les réformes promises ne seront jamais sincèrement ni pleinement exécutées ; les formules diplomatiques ne peuvent combler l'abîme qui sépare le monde chrétien et le monde musulman. Là où s'opère une apparence de fusion, tout se dégrade, se décompose et se corrompt. L'islamisme en progrès demande à Paris ses odalisques et lui emprunte le système des avertissements.

A quoi se réduit, au fond, le protectorat que l'empire s'est imposé d'exercer sur les populations chrétiennes en Orient ? Demandez-le à ceux qui ont visité récemment la Turquie. Les ambassadeurs des grandes puissances à Constantinople sont beaucoup plus occupés à se surveiller les uns les autres qu'à surveiller la Porte ; les ministres turcs répondent à toutes leurs observations par de respectueuses assurances qu'il faut faire semblant de prendre au sérieux. Cette petite comédie se joue dans une sorte de jardin enchanté : chacun a le secret de l'intrigue, et l'on peut s'y promener le masque à la main.

Quelquefois pourtant cette quiétude est troublée par quelque événement importun : l'islamisme, si souple dans sa capitale, se raidit dans quelque province ; d'effroyables massacres ont lieu en Syrie. Que va-t-on faire ? Il faut donner une satisfaction à l'opinion européenne indignée. Belle occasion pour montrer le drapeau français dans le Liban ? Pendant que l'indignation remue encore toutes les âmes, on organise l'expédition de Syrie. Il est visible pourtant qu'elle dérange en quelque chose la politique providentielle. Les Druses et les Maronites ont eu le mauvais goût de ne pas lui demander une heure. Quel est le fruit de l'expédition ? Le règlement bâtard de 1861. A la face des cinq commissaires européens, les procès de Mocktara et de Beyrouth ont abouti à de monstrueux acquittements ou à des condamnations dérisoires. Les Turcs aident deux milliers de massacreurs à s'esquiver dans le Hauran. Dans le règlement de 1861 la France obtient moins en réalité qu'elle n'avait obtenu après le guet-apens diplomatique de 1840, malgré le service rendu à la Turquie par la guerre de Crimée, malgré la présence d'une armée française en Syrie, malgré le consentement officiel de l'Europe à cette intervention armée. En 1840 la coalition européenne sacrifia l'émir Béchir, mais respecta la vieille organisation du Liban. Le règlement de 1861 n'accorde aux Maronites, comme à chacun des cinq éléments de la population libanaise (Druses, Grecs schismatiques, Grecs catholiques, Métualis, Musul-

mans) que le sixième des voix dans chacun des grands
conseils administratif et judiciaire, bien que nos proté-
gés soient sept fois plus nombreux que les Druses, huit
fois plus que les Grecs schismatiques, douze fois plus
que les Grecs catholiques, vingt fois plus que les Métualis et trente fois plus que les Musulmans. En attendant l'organisation d'une force indigène, ce règlement
confie la sûreté du Liban aux soldats turcs, à ces mêmes soldats qui coupaient si bien les têtes quand les
cangiars druses coupaient les cous. Le résultat le plus
net de notre entreprise a donc été de consacrer l'impu-
nité des massacres, d'aggraver le savant système de division qui les avait préparés, et de renforcer l'action
officielle qui les avait dirigés. Sans nul doute la jalousie
de l'Europe, qui habilement s'était associée à notre
œuvre pour la faire avorter, explique en partie ce résultat; mais qu'on ne vienne pas au moins nous représenter comme une victoire ce qui a été une véritable défaite.

S'il est une œuvre qui, plus que toute autre, aurait
dû obtenir en Orient la sollicitude de la nouvelle politique, c'est la formation et le développement de la nationalité roumaine. Que nous promettait-on au lendemain du traité de Paris? qu'une nation libre, relevée
par la volonté de la France, placée entre l'Autriche et la
Russie, resterait comme la gardienne du Danube. Dans
le congrès de Paris, l'Europe s'était opposée à l'union
complète des deux Principautés danubiennes, contrai-
rement au vœu de la France; mais les votes de la Va-
lachie et de la Moldavie, en se portant sur le même
prince, consommèrent l'union et donnèrent satisfaction
à la France. Cette jeune nation qui naît, en quelque

sorte, à notre appel, avec quel soin n'allons-nous pas
veiller à ses propres pas ! Écoutez ce qu'écrivait, le
28 août 1858, M. Walewski à tous les agents diplomatiques de la France :

« Je vous ferais connaître imparfaitement les caractères essentiels de la convention du 19 avril (qui donna
une Constitution aux principautés), si je n'ajoutais que
les *principes de* 89, bases de notre droit civil et public,
s'y trouvent reproduits dans ce qu'ils ont de fondamen-
tal. Une assemblée élective votant les lois et contrôlant
les budgets ; des *ministres responsables ;* l'égalité devant la loi et devant l'impôt ; *la liberté individuelle
garantie*, etc... »

On ne saurait être plus généreux ! Dans son enthousiasme pour la nation qu'elle prend sous son patronage,
la France donne plus qu'elle ne demande pour elle-
même ; elle, qui se prive de la responsabilité ministé-
rielle et des garanties de la liberté individuelle, les en-
voie en don de joyeux avénement à sa protégée. Notre
désintéressement ! Pourtant, écoutons jusqu'au bout la
lettre de M. Walewski : « Le gouvernement de l'empereur, en s'efforçant de donner à la nation moldo-va-
laque un régime politique qui peut sembler plus libéral
que ne le comporterait l'état de sa civilisation et de ses
mœurs, n'a cédé à l'entraînement d'aucune théorie ab-
straite ; mais, sachant que le pays à l'organisation duquel il s'agissait de pourvoir était, depuis des siècles,
livré à des abus et des désordres administratifs aussi
nombreux qu'invétérés, il a dû chercher un remède, et,
*en l'absence d'hommes investis de l'autorité morale
nécessaire à cette tâche*, il ne lui a pas paru possible de

le trouver ailleurs que dans un contrôle sévère et efficace dont l'exercice serait transmis aux mains d'une assemblée élective. »

A la représentation de *Cinna*, en entendant Auguste dire à Cinna de dures vérités, le prince de Condé s'écria : Voilà qui me gâte le « soyons ami, Cinna. » Le dernier paragraphe de la lettre de M. Walewski me gâte aussi un peu celui qu'il accorde aux principes de 89. Mais quoi! chassez le naturel, il revient au galop. Si l'on donne une Constitution libérale aux Roumains, c'est comme pis-aller, en l'absence *d'hommes investis d'autorité morale*, — d'hommes-destin, d'hommes providentiels. Il y avait dans cette lettre le germe d'un coup d'Etat, pour peu que parmi ceux qu'elle concernait survînt quelqu'un qui s'armât suffisamment *d'autorité morale* et de mépris des lois. Le prince Couza la lut et en fit son profit. Il comprit bien vite que si le césarisme devait quelque part être substitué au gouvernement parlementaire, ce devait être dans une population toute romaine d'origine. Comment s'y prit-il pour conquérir *l'autorité morale?* il n'eut pas à faire de grands efforts d'invention, il avait des modèles dont il lui suffit d'imiter servilement tous les actes. Qui ne connaît depuis longtemps cette phrase, que je tire de la proclamation faite à la nation au moment de la dissolution de l'assemblée :

« L'intérêt du pays et sa dignité, vos vœux, vos besoins urgents, tout a été sacrifié à de coupables passions. Pour prix de son dévouement à la cause nationale, l'élu des Roumains n'a recueilli que l'injure et la calomnie; une oligarchie factieuse a sans cesse entravé mes efforts pour le bien public, etc. »

Et celles-ci, adressées à l'armée (proclamation du
2 mai 1864), ne les ai-je jamais entendues?

« De grands événements se sont accomplis.

« L'assemblée élective a refusé son concours à mon
gouvernement.

« Je l'ai dissoute.

« La nation entière est maintenant appelée à déclarer
sa volonté, etc., etc... »

Ne trouvez-vous pas que ce petit prince moldave est
un assez bon élève en coups d'Etat? J'aime surtout
cette adresse à l'armée; cela a un tour tout à fait napo-
léonien. En lisant cela, on se frotte les yeux, et l'on se
demande comment de si belles choses peuvent être dites
sur les bords du Danube. Voilà pourtant comment l'influence française s'étend en Orient! Là aussi on ap-
prendra à faire vivre ensemble les principes de 89 et
l'arbitraire. Il y a peut-être dans le sénat de Couza un
Valaque capable de parler aussi souvent que le duc de
Persigny de la liberté et de l'autorité : quel dommage
que l'on ne puisse comparer les manières de Rouher et
de Cogalnitchano, de Baroche et de Balanesco! N'y
aurait-il pas un bâton de maréchal pour le général
Mano? De quel côté regardent cependant les *vieux
partis* roumains? Croit-on que ce soit encore du côté
de la France? Que pense-t-on là-bas de l'influence
occidentale, et le prince Couza ne fera-t-il pas regret-
ter les hospodars?

LETTRE VII

Je ne croyais point être si bon prophète en parlant dans ma dernière lettre des affaires de Syrie et de celles des principautés danubiennes. La lutte ouverte entre Joseph Karam et Daoud-Pacha commente en ce moment même le règlement syrien de 1861 ; la révolution de Bucharest a répondu au coup d'Etat du prince Couza, copie servile et misérable du coup d'Etat du 2 décembre. Le courage de Karam et le mouvement national de Bucharest seront sans doute trouvés également importuns aux Tuileries : la politique impériale a en ce moment d'autres affaires, et la brutalité des faits aura quelque peine à la tirer de sa langueur et de son indifférence à l'endroit de l'Orient.

Je n'aurai épuisé les conséquences de la guerre de Crimée que si je dis encore quelque chose de la Grèce. J'ai, je l'avoue sans trop de honte, quelque faiblesse pour ce petit pays. J'éprouve une sorte de respect su-

perstitieux pour Saint-Marc-Girardin, le dernier des
philhellènes. Je me souviens des luttes dramatiques de la
guerre de l'indépendance, de l'expédition de Morée,
du massacre des femmes souliotes, de lord Byron don-
nant à la cause sainte les dernières gouttes d'un sang
usé par la débauche et la fureur poétique, de cette jeune
muse qui, le glaive en main, dictait à Victor Hugo ses
Orientales. Je ne vois plus, sans doute, la Grèce à travers la magie seule de ces souvenirs, et comme tout le
monde j'ai lu la *Grèce contemporaine* et le *Roi
des Montagnes*. Rien pourtant n'a pu m'ôter la foi
dans l'avenir de la race hellénique. Si l'on me démontre
quels faibles progrès la Grèce a accompli depuis qu'elle
a été arrachée à la domination turque, je réponds que
l'Europe, une fois le premier enthousiasme passé, avait
laissé le nouveau royaume dans une condition qui ren-
dait ses progrès trop difficiles. Le territoire lui fut me-
suré avec parcimonie, par suite des revers de 1827, qui
accablèrent la cause hellénique au moment où furent
tracées ses frontières. La grande idée se trouva comme
étranglée. La Grèce, qui rêvait Constantinople pour capitale, fut réduite à camper à Athènes, une bourgade
et une ruine ; au lieu de Sainte-Sophie elle eut l'Acro-
pole ; la croix, ce signe au nom duquel elle se promettait la victoire, *in hoc signo vinces*, fut plantée sur
les vieux temples des dieux déchus. L'ardeur héroïque
de la lutte se refroidit et s'usa pendant la régence bavaroise ; la tête de la Grèce devint promptement trop
grosse pour son corps : on vit accourir à Athènes, de
tous les lieux où fermentait la passion hellénique, des
hommes politiques qui composèrent un parlement assez

nombreux pour un très-grand pays, et condamné à user son activité en brigues obscures et stériles. Pendant qu'on copiait gauchement à Munich les chefs-d'œuvre de l'architecture grecque, on introduisait la bureau-cratie bavaroise dans un pays où dès longtemps la vie publique était réfugiée dans les municipes ; l'esprit administratif commençait sa lutte patiente contre l'in-dépendance locale, mais, se heurtant à des traditions invétérées, il ne réussissait qu'à augmenter le désordre et à retarder le progrès.

On peut noircir autant qu'on voudra le tableau de la Grèce, montrer les finances ruinées, l'armée en dissolu-tion, l'impôt encore prélevé à la turque, le brigandage florissant, le pays toujours privé de voies de communi-cation ; il reste pourtant sur cette terre historique un peuple uni que ne divise aucun dissentiment religieux, qui n'a pas de classes privilégiées, séparées par des haines irréconciliables, dont le clergé, grossier sans doute et ignorant, partage pourtant les sentiments de la nation et ne constitue pas un Etat dans l'Etat ; des partis s'agitent à Athènes, y changent de noms, de chefs, de drapeaux ; dans le peuple il n'y a point de partis ; la seule passion profonde, la passion *maîtresse* chez tous ces cultivateurs, bergers, marchands ou ma-rins, c'est la passion nationale ; une ambition confuse, mais profonde, leur souffle tout bas que l'avenir leur *réserve encore des destinées dignes de la noblesse de leur nom.* Ce qui leur a toujours manqué, c'est moins un roi qu'un chef. Quand le roi Othon fut-il à l'apogée de sa force et de sa popularité? C'est en 1850 et en 1854, quand il encourut la disgrâce des plus puissantes nations du monde et se montra disposé à servir la cause nationale et à souffrir pour elle.

L'invasion de la Thessalie en 1854 par les bandes de Grivas fut sans aucun doute un acte des plus imprudents : il n'eut d'autre résultat que de soumettre la Grèce à l'humiliation de l'occupation étrangère. Au moment où l'Occident s'unissait pour maintenir l'intégrité de la Turquie, c'était folie pour la Grèce de tenter ce qu'on ne permettait point à la Russie. L'empire, qui caresse partout ailleurs les nationalités, n'a jamais montré que de l'indifférence ou de la dureté pour la nationalité hellénique : la Grèce nouvelle a le grand tort de dater officiellement de 1832; elle doit trop au gouvernement constitutionnel pour que l'empire croie lui devoir quelque chose.

Cela se vit bien quand la dynastie bavaroise fut renversée et que le petit royaume se trouva en peine d'un souverain. Le cabinet des Tuileries, si jaloux en toute circonstance d'intervention et d'influence, recula modestement et laissa passer l'un après l'autre tous les candidats de l'Angleterre. Lord Russell, converti en *faiseur de rois*, put chercher à l'aise dans sa clientèle princière : le prince Alfred écarté, en raison de la stipulation des traités, il put négocier tout seul avec le duc Ernest de Saxe-Cobourg, avec un prince du Holstein (à qui était déjà promise la main d'une princesse de la maison royale d'Angleterre), enfin avec le prince George de Danemark. Il fallait à la Grèce un souverain formé, imbu d'idées constitutionnelles et libérales, et en même temps capable de défendre son autorité, en état de jouer le rôle difficile d'un roi dans une

démocratie, à la fois administrateur et homme d'action,
assez habile pour ne point jeter la Grèce dans les
hasards et les aventures et pour ne point toutefois
étouffer dans l'âme de ses sujets la flamme de la *grande
idée* hellénique ; il lui fallait un chef qui sût servir à
la fois ses intérêts et parler à son imagination, orateur,
homme de guerre et politique : ce fut un enfant de dix-
sept ans qu'on lui donna ! La Grèce l'accepta ; elle dut
refouler en son cœur des vœux que l'Europe ne lui
avait même point permis de formuler, et se trouver trop
heureuse qu'on lui fît enfin l'aumône d'un souverain.
Pour la France, elle n'avait pas eu de candidat ; un
jour que Jérôme, l'ex-roi de Westphalie, se répandait
en reproches vis-à-vis de son impérial neveu : « Vous
n'avez rien de votre oncle ! s'écria-t-il avec colère.
— Pardon, répondit Napoléon III, j'ai sa famille. »
L'histoire ne lui reprochera point d'avoir trop fait pour
cette famille : il est vrai qu'elle est peu nombreuse, et
le prince Napoléon aime mieux, assure-t-on, être le
second à Paris que le premier à Florence, à Pesth, à
Bucharest ou à Athènes. Quoi qu'il en soit, l'Angleterre
trouva la France aussi complaisante que possible,
quand elle disposa de la couronne hellénique en faveur
d'un jeune prince dont la sœur doit porter quelque jour
la couronne de la Grande-Bretagne. Pour mieux consolider son influence à Athènes, l'Angleterre donna au
roi George les îles Ioniennes en don de joyeux avène-
ment. L'influence française abdiqua à Athènes devant
l'influence anglaise. Ce n'est pas que je sois disposé à
faire de ce désintéressement un grand grief contre le
second empire. Je n'ai jamais éprouvé grande émotion

14.

en présence de ces duels diplomatiques qui à Constantinople, à Athènes ou ailleurs, ont trop souvent mis aux prises les représentants des puissances occidentales. Je ne crois pas que la France ait beaucoup à gagner à exercer sur des cours lointaines je ne sais quelle surveillance minutieuse, hargneuse et tracassière; je rêve pour mon pays une influence d'un ordre plus noble et plus élevé. Ce qui me tourmente et me blesse dans l'attitude que nous avons prise en Orient, c'est de voir que nous nous soyons liés d'une façon si intime à une politique qui n'a d'autre but que le maintien absolu de la domination musulmane.

Je voudrais que la question d'Orient fût laissée en quelque sorte à elle-même ; que nulle pression étrangère ne gênât le libre développement de ces nationalités encore confuses qui germent au milieu de la décomposition du monde turc. Je trouverais mauvais qu'on soufflât partout la révolte, en Servie, en Thessalie, dans l'Epire, dans le Monténégro, dans la Bosnie ; je trouve aussi mauvais qu'on souffle à la tyrannie turque une vitalité factice, qu'on fasse pencher de son côté le prestige et l'autorité morale de l'Occident, qu'on refasse pour elle le bail d'obéissance et de vassalité que seule elle ne pourrait peut-être plus obtenir. Si la Porte prétend conserver sa suzeraineté sur tant de populations chrétiennes, qu'elle sache revendiquer elle-même les droits de suzerain. L'intervention perpétuelle et quotidienne de l'Occident dans les affaires de l'Orient, outre qu'elle engage trop directement notre responsabilité, masque les difficultés sans les résoudre. Laissez ces races si longtemps écrasées par un brutal despotisme se chercher, se reconnaître, se grouper en obéissant à leurs affinités naturelles. Soyez neutres, si vous ne voulez être leurs alliés. L'Angleterre, puissance chrétienne, se croit intéressée à soutenir l'édifice débile et chancelant de la puissance musulmane ; la France n'avait nul intérêt à s'associer à cette tâche ingrate : en se faisant la servante de la politique sénile de lord Palmerston, la politique nouvelle n'a montré ni perspicacité, ni logique, ni générosité pour ces nations nouvelles qui attendent pour naître ou pour grandir que la main de l'Occident ne soutienne plus le bras de leurs oppresseurs.

LETTRE VIII

Je prends aujourd'hui la plume avec un tremble-
ment. Je suis presque tenté de reculer devant la grandeur et la difficulté du sujet nouveau qui vient s'offrir
à moi : c'est de la guerre d'Italie qu'il faut que je
parle ; il faut que je dise toute ma pensée sur cet
événement, le plus grave peut-être de notre temps et
le plus fécond en conséquences. Je ne veux pas mentir
au nom dont je signe ces lignes ; je n'ai pas pris un de
ces masques commodes derrière lesquels le visage cache
sa pâleur ou sa rougeur et cherche à déguiser les traces
des agitations, des souffrances, des inquiétudes. Jeté
par les événements et par mes propres instincts loin des
régions de la responsabilité, je n'ai pas besoin de couvrir mes opinions d'une étiquette et d'une formule : je
conserve le droit de les exposer dans toute leur vérité,
sans faire tort à aucun intérêt, sans nuire à aucune
entreprise.

Il y a sur la guerre d'Italie des thèmes tout faits que vous entendez répéter tous les jours : comme le volant empenné est rejeté en cadence d'une raquette à l'autre, le public français est perpétuellement suspendu entre le monotone dithyrambe de l'*Opinion nationale* et du *Siècle* et les monotones lamentations des Jérémies ultramontains. Où se cacher pour échapper au dialogue irritant de ces gros cuivres et de ces sourdes crécelles ? Avisez-vous de vouloir un moment jouer de votre propre instrument, et les deux orchestres se réuniront pour vous réduire au silence. Des deux côtés on voudrait par instants persuader aux niais qu'on a pour soi le maître : raison suffisante pour que je reste dans mon coin. Vous prétendez aujourd'hui, Calchas, que c'est vous qui faites parler le dieu, et qu'il n'a pas pour vous de secrets ; mais voilà, vis-à-vis, un autre temple où l'on m'assure la même chose. Les formules sibyllines se croisent et se contredisent : de quel côté doit aller ma foi ? qui me prendra par la main, ou Guéroult ou Veuillot ? Faut-il que je dise avec un éloquent archevêque à celui qui s'intitule le défenseur de la papauté : « Lave tes mains, Ponce-Pilate ? » mais je me rappelle encore ses adulations d'hier à Ponce-Pilate, et peut-être les répétera-t-il demain ? Dois-je vous croire, vous qui pendant la querelle du pape et de l'empereur, n'avez cessé de me souffler dans l'oreille :

« J'embrasse mon rival, mais c'est pour l'étouffer ! »

et ne puis-je vous répondre :

« Les gens que vous tuez se portent assez bien. »

De toutes parts l'équivoque m'enveloppe : ce n'est pas impunément que pendant des années une nation cherche péniblement le secret des événements au milieu des contradictions qui s'accumulent dans une obscurité que traverse seulement de temps à autre un éclair oblique ; ce n'est pas sans péril pour son honneur et pour sa dignité qu'elle suit pas à pas et à tâtons un destin qui lui reste inconnu, comme le troupeau silencieux suit le berger dans une nuit sans étoiles. Croit-on que la droiture de l'âme puisse demeurer intacte, quand elle s'obstine à de vains désirs, quand elle cherche à plier à ses espérances le sens de tous les événements, sans plus avoir d'action sur les événements, quand elle flotte sans cesse des menaces impuissantes aux craintes serviles? La vue se trouble à force de vouloir percer les ténèbres : l'intelligence d'un pays meurt dans la honteuse région des sophismes le jour où « tout sens devient douteux, tout mot a deux visages. »

Si jamais il y eut une cause qui pût affronter le grand jour, c'était bien celle de l'Italie, la cause la plus juste, la plus noble, la plus grande, la plus digne d'exciter les sympathies et d'enflammer l'ardeur de tous les cœurs généreux. Comme un soleil éclatant dore ses montagnes et ses promontoires, la flamme de la liberté pouvait jeter sa pleine lueur sur ses souffrances et sur son triomphe. Où est l'esprit éclairé qui ne sent qu'il a une dette à payer à cette nation charmante, spirituelle, aimable, dont les chefs-d'œuvre nous serviront toujours de modèles et dont le génie nous a ouvert les avenues de la civilisation? Qui de nous n'a été pris d'une pitié profonde pour ses malheurs et ne s'est indigné de la voir avilie, divisée, livrée à la brutale domination de l'étranger? Dans quelle âme ses plaintes éloquentes n'ont-elles pas trouvé d'écho? et ne sentions-nous pas une admiration toute fraternelle pour ces nobles martyrs qui de temps à autre lui sacrifiaient leur liberté et leur sang, presque sans espoir et seulement pour que la prescription de la tyrannie fût quelquefois interrompue.

Il y a des guerres qu'une nation n'accepte que comme un devoir solennel et une dure nécessité; la guerre pour l'Italie n'était point de celles-là, elle était une fête pour la France. L'instinct populaire l'avait bien compris, et le jour où Napoléon III traversa le faubourg Saint-Antoine pour se diriger vers les Alpes, le peuple salua son départ avec un enthousiasme qui n'était pas de commande et dont la police secrète n'eut pas à payer les frais. L'attitude du parti libéral en ces graves circonstances fit aussi, j'ose le dire, grand honneur à son désintéressement et à la pureté de ses intentions. Il ne sépara pas un moment ses intérêts des intérêts de la France, et tous ses vœux suivirent les vaillants soldats de l'armée libératrice. Sans doute, le parti libéral ne pouvait se dissimuler que la France n'avait pas été consultée avant d'être engagée dans une guerre dont nul alors ne pouvait prévoir les péripéties ni la fin; il ne pouvait ignorer que la gloire nouvelle de nos drapeaux rejaillirait sur celui contre lequel il avait tant et de si légitimes griefs; que le sang le plus pur de la France ne serait pas seulement versé au profit de l'Italie, mais aussi au profit de l'empire. Pouvait-il rester insensible à tant de douloureux contrastes, voir sans quelque angoisse et quelque envie l'Italie recevant la liberté des mêmes mains qui l'avaient ravie à la France, les sentiments les plus héroïques devenus des instruments d'oppression, le mariage nouveau des idées d'indépendance et de servitude? Pouvait-il ignorer que la solidarité entre la fortune du pays et celle du souverain deviendrait plus intime, une fois qu'elles seraient livrées aux mêmes hasards? Condamné au silence forcé, fallait-il encore qu'il se condamnât au silence volontaire? Lui donnait-on seulement à espérer que la liberté reviendrait dans les lambeaux de nos drapeaux vainqueurs? Son œuvre de délivrance accomplie et le cœur encore gonflé des plus généreuses ardeurs, la France serait-elle condamnée à rentrer dans la voie d'où on la faisait un moment sortir? Après avoir tant donné, n'aurions-nous rien à recevoir? La reconnaissance de l'Italie elle-même devait-elle nous être marchandée et ne chercherait-on pas à la détourner de la nation pour en faire hommage à un seul homme? Est-il étonnant que certains esprits aient faibli sous le poids de tant de préoccupations, de doutes et de craintes? Leur opposition maladroite, mise en défaut par les événements, peu généreuse envers l'Italie, ne doit pourtant faire souffrir que les libéraux français. Elle a permis à certains panégyristes de l'empire, tant Français qu'Italiens, de montrer Napoléon III volant au secours de l'Italie, malgré le vœu de la France, de mettre en contraste la générosité de l'empereur et l'égoïsme jaloux des *anciens partis*. Je n'examine pas si le reproche est habile, surtout dans les bouches italiennes; s'il est de bonne politique de nouer avec le fil fragile d'une seule

personnalité tous les liens entre la France et l'Italie ;
j'examine seulement si le reproche est juste. Il est vrai
que le langage de quelques hommes illustres envers
l'Italie a été empreint de malveillance et d'injustice ;
mais j'ose affirmer que, s'oubliant lui-même, le parti
libéral français, considéré dans son ensemble, n'a cessé
de faire des vœux pour le triomphe de la cause italienne, qu'il lui a prêté son appui sans arrière-pensée,
sans réserves, sans hésitation. Tous les organes de
l'opinion libérale, sans exception, lui ont donné leur
concours. Mais si l'on suspecte la presse parce qu'elle
ne jouit pas d'une entière liberté, j'invoquerai le résultat
des emprunts nationaux levés pendant la guerre d'Italie. Notre temps a vu une singulière révolution : c'est
le suffrage universel appliqué aux finances. Une nation
qui offre à son gouvernement des milliards pour entre-
prendre ou continuer la guerre, n'accepte-t-elle pas
pour elle-même une part de la responsabilité dans les
événements ? En offrant aux souscripteurs des emprunts
d'assez gros avantages, on peut, dit-on, obtenir autant
d'argent que l'on voudra pour n'importe quelle guerre,
n'importe quel objet. Les grands emprunts nationaux
ne sont qu'une débauche nationale d'agiotage. Je ne
méconnais pas ce qu'il peut y avoir de fondé dans cette
accusation : je crois pourtant que le peuple ne livre pas
aussi volontiers ses épargnes pour toutes les causes et
en toute occasion. On sera peut-être étonné quelque
jour de voir que, même sur le terrain financier, le suffrage universel a de singuliers retours et une clair-
voyance qu'on ne lui soupçonnait pas. Quoi qu'il en
soit, ne laissons jamais dire que la guerre d'Italie n'a

pas été une guerre française, ne laissons pas dénaturer les sentiments que les libéraux français ont apportés dans cette grande question. Elle n'est pas vidée, et il ne sera pas superflu de les exposer avec précision et sans équivoque.

LETTRE IX

En prenant les armes pour l'Italie, la France n'avait qu'une mission légitime à remplir : expulser les Autrichiens. Son intervention devait s'accomplir au nom même du principe de non intervention ; l'Italie délivrée de l'oppression étrangère, notre tâche était accomplie. Ce n'était pas à nous à la reconstituer, à lui choisir des gouvernements ou des princes, à lui imposer un système politique ; nous allions couper un nœud gordien, nous n'avions pas à refaire patiemment de nos propres mains le nœud qui devait relier les diverses parties de la péninsule. L'Italie avait espéré autrefois, toute seule et sans notre secours, chasser l'étranger. Charles-Albert, dont l'âme sombre et inquiète redoutait l'alliance de la France, disait fièrement : *Italia fara da se*. Si cette parole ambitieuse ne devait pas être vraie pour la guerre libératrice, elle devait l'être au moins au lendemain de la lutte. Devions-nous substituer notre influence à l'influence autrichienne ? N'étions-nous pas sincères quand nous accusions l'Autriche de chercher à gouverner non-seulement en Lombardo-Vénétie, mais à Florence, à Rome et à Naples? Ne lui reprochions-nous pas de réduire les princes italiens à la vassalité? Ne lui faisions-nous pas un grief d'avoir enveloppé tous les gouvernements dans les liens de sa diplomatie, tantôt brutale et tantôt hypocrite? Allons-nous profiter de l'enthousiasme soulevé autour des pas de nos soldats pour dicter à l'Italie nos volontés et lui tracer le chemin de l'avenir? Notre ambition devait-elle spéculer sur sa reconnaissance et l'entraîner, encore ardente et ingénue, à des résolutions qui engageaient tout son avenir?

Je comprends, sans l'approuver, l'égoïsme étroit et défensif qui se refuse à rien faire pour personne : « Divisée, l'Italie est faible; la France n'a aucun intérêt à ce qu'elle devienne forte et puissante; elle ne peut voir avec plaisir se former à côté d'elle une nation de vingt millions d'hommes, aujourd'hui notre alliée, mais qui sera notre ennemie le jour où ses intérêts ne concorderont plus avec les nôtres. » — Vous connaissez ce langage : je le trouve, pour ma part, odieux et indigne de la France; il est en même temps brutal et maladroit, car plus il vous convient que l'Italie reste faible, plus il lui conviendra de devenir forte : votre égoïsme justifiera son égoïsme, vos défiances, ses défiances, votre insensibilité, son insensibilité. Mais ce langage du moins a le mérite de la franchise : il ne peut égarer personne, il ne trouble aucune passion généreuse et n'ouvre aux espérances aucune perspective profonde et nouvelle.

Du moment que la France s'armait pour faire la

guerre *pour une idée,* il eût été bon que cette idée fût une idée fixe : il fallait la nettement définir et poser les limites que se traçait l'intervention française. Où commençait notre droit? Dans la nécessité de plus en plus impérieusement démontrée de soustraire l'Italie à la domination et à l'influence de l'Autriche. Où s'arrêtait notre droit? à l'achèvement de cette œuvre de délivrance. Deux tâches s'offraient à l'Italie : la guerre de l'indépendance, la fondation d'un nouveau système politique. Nous participions à la première, nous n'avions point à nous mêler de la seconde.

L'allié de Victor-Emmanuel parut d'abord envisager sa mission de cette manière. Que disait-il, le 3 mai 1859, en prenant congé du peuple français? « L'Autriche a amené les choses à cette extrémité qu'il faut qu'elle domine jusqu'aux Alpes ou *que l'Italie soit libre jusqu'à l'Adriatique...* » « Le but de cette guerre est de rendre l'Italie à elle-même et non de la faire changer de maître. » A son quartier général de Milan, le 8 juin 1859, quel langage adresse-t-il à ceux qu'il vient délivrer? Il les appelle « Italiens » non Lombards, Piémontais ou Toscans. « Ne soyez aujourd'hui, leur dit-il, que soldats : demain, vous serez citoyens libres d'un grand pays. » Et ailleurs : « Je ne viens pas ici avec un système préconçu pour déposséder les souverains ni pour vous imposer ma volonté; mon armée ne s'occupera que de deux choses : combattre vos ennemis et maintenir l'ordre intérieur; elle ne mettra aucun obstacle à la libre manifestation de vos vœux légitimes. » On appelait donc aux armes les Italiens, à quelque partie de l'Italie qu'ils appartinssent; on s'engageait à repousser l'Autriche jusqu'à l'Adriatique, on promettait à l'Italie de la rendre à elle-même et de la laisser libre de régler ses destinées.

Un moment, le destin et la grandeur épique des circonstances unissent sous les mêmes drapeaux les représentants des causes les plus diverses : l'empereur, le roi constitutionnel et soldat, Garibaldi, un héros révolutionnaire qui déjà cachait dans les plis de sa chemise rouge l'idée de l'unité italienne, le duc de Chartres, un jeune prince tout brillant du courage de sa race et du désir de donner un gage à la cause libérale. On voudrait suspendre l'histoire à ces heures dramatiques, à ces veilles des grands jours ; mais il faut, hélas ! qu'elle arrive aux lendemains.

Une grande tâche était déjà accomplie : la Lombardie était délivrée : déjà la flotte française était en vue de Venise, mal préparée à la défense, mal approvisionnée, quand l'Europe et l'Italie stupéfaite apprirent que la paix de Villafranca était signée.

Que se passa-t-il à cette heure solennelle ? L'empereur était-il déjà las ? Était-il satisfait d'avoir arraché à la fortune, à Solferino, une de ces grandes victoires qui sont les dates de l'histoire et dont les noms traversent toutes les générations ? Le spectacle affreux de la guerre avait-il touché son âme ? Était-il mécontent de ses alliés et surtout de ce ministre de génie qui naguère, dans un vallon écarté des Vosges, avait tracé avec lui le plan de la guerre italienne ? Tandis qu'il faisait la guerre, trouvait-il que M. de Cavour s'occupait trop de faire des annexions ? Que lui rapporta à son arrivée de Florence, au lendemain de Solferino, son cousin qui commandait ce cinquième corps qui, pendant toute la campagne, avait déployé en Toscane une si savante inactivité?

A son retour d'Italie, en recevant à Saint-Cloud les grands corps de l'État, l'empereur sentit qu'il devait une explication à la France. Il ne dissimula pas qu'il lui en avait « coûté de retrancher ouvertement de son programme devant l'Europe le territoire qui s'étend du Mincio à l'Adriatique. » « Croyez-vous, ajouta-t-il avec tristesse, qu'il ne m'en ait pas coûté de voir dans ces cœurs honnêtes de nobles illusions se détruire, de patriotiques espérances s'évanouir? » S'il s'était arrêté, c'est que la guerre risquait de devenir européenne. « Il fallait se résoudre à briser hardiment les entraves opposées par les territoires neutres et alors accepter la lutte sur le Rhin comme sur l'Adige. » Militairement parlant, cela voulait dire qu'on ne pouvait débusquer l'armée autrichienne de son quadrilatère qu'en coupant ses derrières dans les vallées du Tyrol, et la guerre dans le Tyrol, c'était la guerre non plus avec l'Autriche, mais avec la Confédération germanique entière. Je n'examinerai pas la question stratégiquement; je ne rechercherai pas si, Venise prise et les communications de l'armée autrichienne coupées du côté de l'Adige, il lui était facile de se maintenir longtemps dans ses forteresses, lors même que l'armée française se fût abstenue d'occuper les passages voisins des Alpes. Je demanderai seulement si ces difficultés n'auraient pu être prévues dès le début. Quand on avait promis de délivrer l'Italie jusque l'Adriatique, est-ce que Mantoue et Vérone avaient changé de place? Quand on avait ramassé le gant de l'Autriche, est-ce qu'on se pouvait faire illusion sur les sentiments de l'Allemagne?

On n'a jamais donné la preuve que la malveillance germanique fût plus prête à passer à l'action, au lendemain de Solferino, qu'au lendemain de Magenta. Chose étrange! Pendant que l'empereur des Français, pour expliquer sa conduite, montre toute l'Europe prête à s'armer contre lui, le jeune empereur d'Autriche se plaint avec amertume, en reprenant le chemin de Vienne, qu'il a été trahi par ses alliés naturels. En Angleterre, le ministère tory, qui avait vu d'un mauvais œil l'intervention de la France en Italie, avait été renversé par un ministère whig, dont les sympathies pour l'Italie étaient manifestes. La Russie ne cachait pas la joie que lui causaient les défaites de l'Autriche, dont l'attitude pendant toute la guerre de Crimée l'avait profondément offensée. Où donc était cette « Europe en armes » devant laquelle on reculait?

On invoquait, il est vrai, un autre fantôme : celui de la Révolution. « Si l'on passait le Mincio, » il fallait, disait-on, « partout *franchement* se fortifier du concours de la Révolution. » Mais quand Garibaldi a-t-il été le plus redoutable? Est-ce quand son petit corps était noyé dans de grandes armées, ou quand ses *Mille* allaient seuls en Sicile défier la diplomatie impériale? Je ne vois pas bien clairement comment la Vénétie n'aurait pu être conquise sans la Révolution, mais je vois fort bien comment la paix de Villafranca fit passer la Révolution du dernier plan sur le premier : l'Italie ne vit plus qu'en elle son salut, son espoir, sa dernière ressource. L'empereur s'en va, place à Garibaldi!

LETTRE X

La paix de Villafranca laissait inachevée l'œuvre de
l'indépendance italienne ; mais elle a encore un second
tort à mes yeux : elle créait un système politique pour
l'Italie. Quelles étaient les bases de la paix ? « Confédération italienne, sous la présidence du pape. L'empereur d'Autriche cède ses droits sur la Lombardie à
l'empereur des Français, qui les remet au roi de Sar-
daigne. L'empereur d'Autriche conserve la Vénétie,
mais elle fait partie intégrante de la Confédération
italienne. » L'empereur d'Autriche avait obtenu même
la restauration des archiducs ; il y avait réussi en flat-
tant l'ambition dynastique de l'empereur des Français.
C'est au moins ce qu'affirme M. le conseiller et chevalier Debrauz, l'auteur d'une curieuse brochure sur
« la paix de Villafranca, » dictée par la chancellerie
de Vienne.

« Vous et moi nous sommes tous deux pères, aurait
dit François-Joseph à son interlocuteur, dans la confé-

rence où furent posés les préliminaires de la paix :
préoccupons-nous moins de nos intérêts personnels que
de l'avenir que nous léguerons à nos futurs héritiers,
et nous tomberons facilement d'accord. Quant à moi,
je vous en donne l'assurance la plus solennelle, je ne me
prêterai jamais à aucune coalition destinée à favoriser
un changement de dynastie en France ; l'Autriche n'y
a aucun intérêt, et moi aucune disposition, libre comme
je suis de tout engagement. »

Le succès de cette allocution fut complet. « Prononcée, dit la brochure, avec l'accent de la vérité,
ces paroles produisirent une impression visible sur
Napoléon III, qui en reconnut ouvertement la jus-
tesse. »

En faisant sa première proposition d'armistice, l'empereur des Français avait demandé Mantoue et Peschiera pour la Lombardie, mais cette première ouver-
ture avait été rejetée, et pour en faire accepter une
seconde, on avait été obligé de retrancher la reddition
de ces deux forteresses des conditions soumises à l'empereur d'Autriche. On laissait ainsi les clefs de la
Lombardie entre ses mains. Le Mantouan a été réuni
au Milanais en 1704, et jamais depuis il n'en avait été
séparé. Quand le général Bonaparte signa le traité de
Campo-Formio, il fit remettre Peschiera et Mantoue à
la république cisalpine. En aucun temps Napoléon
ne voulut les abandonner à l'Autriche. N'était-ce pas
du quadrilatère formé par Vérone, Legnano, Mantoue
et Peschiera qu'était sorti le vieux Radetzky pour
reprendre Milan et conduire en quelques semaines son
armée jusqu'aux portes de Turin ? Derrière ses forte-

resses, l'Autriche peut, comme la Russie après la guerre de Crimée, *se recueillir* et attendre patiemment une heure favorable. Sa présence est une menace perpétuelle, un poids qui lentement et insensiblement écrase l'Italie : est-il étonnant qu'en face de ce danger, l'Italie ait senti le besoin d'unir et de concentrer toutes ses forces? On lui demandait d'entrer en confédération avec l'ennemi qu'elle poursuivait encore de toutes ses haines; on mettait la confédération nouvelle sous la présidence de celui qui déclarait en 1849,, quand on cherchait à l'entraîner contre l'Autriche, qu'en sa qualité de « père commun des fidèles, il ne pouvait déclarer la guerre à aucun prince chrétien ; » on rappelait, pour prendre place dans les conseils de l'Italie à côté du roi de Piémont, ces archiducs qui étaient allés se cacher dans les rangs des Autrichiens. Au lendemain de Villafranca, l'idée mazzinienne de l'unité italienne devint presque forcément une idée nationale; la pensée qui n'avait germé que dans les rêves de quelques esprits prit un corps et parut l'unique remède à une situation troublée, grosse de périls et d'incertitudes.

Entre la confédération et le système unitaire, je n'ai point à me prononcer : je sais qu'en Toscane particulièrement on songeait plutôt, au début de la guerre d'Italie, à une république indépendante qu'à une annexion au Piémont : M. de Cavour lui-même n'avait primitivement d'autre ambition que de fonder un puissant royaume dans la vallée du Pô, sans songer à y rattacher les membres de l'Italie les plus lointains; mais le bon sens indique que le système fédératif n'eût été praticable qu'à la condition que l'Italie fût tout entière

aux Italiens. La ligue, constituée pour la résistance à
l'étranger, pouvait, au lendemain d'une victoire complète, devenir un établissement permanent, où se
seraient balancées plus ou moins harmonieusement toutes
les forces nationales. Mais dans l'état des choses où la
paix de Villafranca trouvait l'Italie, peut-on s'étonner
que les patriotes italiens se soient jetés dans les bras
du seul prince dont le nom était la revendication éner-
gique et absolue des droits de la patrie commune?

Il y a des moments où la force des choses, où l'irrésistible logique des événements entraîne toutes les
volontés. La finesse des Italiens comprit bien vite que
l'empereur des Français n'aurait pas recours à la violence pour leur imposer le système fédératif : de combinaison en combinaison, de concession en concession,
elle l'entraîne de plus en plus loin du programme de
Villafranca. Ce n'est pas moi qui lui ferai un reproche
de s'en être laissé éloigner : je voudrais seulement que
dès le moment où la guerre fut terminée, le souverain
de la France eût entièrement dégagé sa responsabilité
de tous les événements intérieurs dont l'Italie pouvait
devenir le théâtre. Donner des conseils sans obtenir
qu'ils soient suivis, signer des traités que tout le monde
sait inexécutables, ne me paraît point digne d'un grand
pays comme la France. A force d'osciller entre ses
demi-engagements et les obsessions des Italiens, entre
les conseils de la diplomatie correcte et les ardents et
impatients désirs de la Révolution, la politique française
risquait de se faire accuser d'autre chose encore que de
faiblesse et d'inconséquence. Pour celui qui aime à
fouiller aux profondeurs des affaires humaines, ce fut

sans doute un curieux spectacle que celui d'une nation
occupée à deviner les sentiments et les instincts les plus
secrets de son protecteur, empêchée de lui résister
comme de lui obéir, laissant croire qu'elle était d'accord avec lui dans l'espérance d'obtenir son appui au
lendemain du succès, mesurant avec un art infini son
audace à la patience et sa prudence au mécontentement
de son allié; le souple génie des Italiens se plaît à ces
jeux périlleux, ennoblis d'ailleurs en ces circonstances
par la grandeur du but où allaient leurs visées; et
pourtant me serait-il permis de l'avouer, même en se
plaçant à leur point de vue et en faisant la part aussi
large que possible à la légitimité de leur cause, il m'a
semblé que quelquefois leur habileté avait été, si je
puis dire, trop habile et avait un peu trop de mépris
pour le choix des moyens. Mais nous, quel avantage
pouvions-nous trouver à cette lutte prolongée entre les
mots et les choses, entre les stipulations écrites et les
instructions verbales, entre les désirs avoués et les
désirs inavoués? Qu'avons-nous gagné à donner à l'Europe le spectacle de ce que j'appelle la politique par
étapes, politique qui ignore son but définitif, ou qui
n'y marche que pas à pas, par des détours, quelquefois
avec de brusques écarts? Cette méthode risque de faire
trop d'élèves : on a pu compter déjà les étapes entre
l'occupation des duchés danois par les Allemands et
leur conquête, et on entrevoit vaguement celles que
M. de Bismark *compte traverser pour arriver à leur*
annexion pure et simple au royaume de Prusse.

Même en renonçant à la conquête de la Vénétie, la
France pouvait encore se réserver un noble rôle, si elle

avait repassé les Alpes en disant aux Italiens : « Je vous ai donné la Lombardie, vous êtes libres. Je ne permettrai pas à l'Autriche de repasser la frontière où nous l'avons enfermée, pour vous imposer des souverains ou des Constitutions. Je ne vous en imposerai point moi-même. J'ai contribué à fonder votre indépendance ; c'est à vous de l'achever et de vous en montrer dignes. »

En prenant sur nous la tâche de travailler à la réorganisation de l'Italie, nous dépassions les limites de nos droits. Le Français ne comprend jamais qu'il puisse être pour quelqu'un un étranger ; mais pour les Italiens mêmes nous ne sommes pas autre chose. Si nous leur faisions payer trop chèrement le prix de notre secours, si les ministères italiens ne pouvaient plus se constituer ou vivre sans notre permission, si l'Italie devait tous les jours prendre le mot d'ordre aux Tuileries, si nous cherchions à entraîner le royaume nouveau, comme notre satellite obéissant, dans notre cercle d'alliances offensives et défensives, s'il dépendait de nous de le jeter dans des aventures guerrières où il ne jouerait qu'un rôle factice, peut-être que la France ne recueillerait plus aux yeux de l'histoire autant de mérite pour avoir abaissé au-delà des Alpes la puissance de l'Autriche. Prenons garde que l'Italie, en voyant partout et trop souvent notre main, ne s'habitue à faire remonter jusqu'à nous ses reproches et l'irritation que lui causent ses souffrances :

« Quod licet, ingratum est : quod non licet, acriùs urit. »

Je voudrais, je l'avoue, voir effacer plutôt que grandir l'influence de la France dans les affaires purement intérieures de l'Italie; non-seulement parce que je désire sincèrement l'indépendance de la nation italienne, mais aussi parce que je suis soucieux de l'honneur et du repos de mon pays!

LETTRE XI

J'ai regretté que la France se fût trop ingérée dans les affaires intérieures de l'Italie : j'eusse préféré le silence à des blâmes, venant toujours après l'événement, où les politiques raffinés lisaient presque un encouragement ; j'eusse mieux aimé une neutralité qui laissât entière l'indépendance de l'Italie qu'une sorte de complicité boudeuse, querelleuse, incertaine, qui mêlait des plaintes à ses accents de triomphe et des accents de triomphe à ses plaintes.

Il y a pourtant, m'objectera-t-on, en Italie, une question qui n'est pas seulement italienne : c'est la question romaine. Elle déborde la péninsule, et nous ne pouvons regarder une révolution à Rome du même œil que nous ferions à Naples et à Florence. La souveraineté temporelle du chef de la catholicité n'est que l'envers de sa souveraineté spirituelle, et à ce titre elle intéresse forcément les catholiques. Depuis le VIIIᵉ siècle de notre ère, les deux pouvoirs ont été confondus sur la tête du souverain-pontife : je n'examinerai point ici si la papauté a plus perdu que gagné à ce mariage, si son histoire temporelle, parfois si dramatique, est une digne suite de l'histoire des premiers siècles de l'Eglise. Les faits sont les faits : la foi catholique a cent trente millions d'adhérents répandus sur tout le globe ; l'interprète, le législateur de cette foi réunit sur son front une double souveraineté ; sa tête ne s'abaisse devant aucun prince, et celle de tous les princes catholiques s'abaisse devant lui.

Aujourd'hui, l'Italie menace non pas le pontife, mais le roi ; après lui avoir enlevé déjà une partie de son territoire, elle lui demande encore le reste : elle lui demande surtout sa capitale, où tant de grandeur revit parmi tant de souvenirs, et dont le nom lui semble devenu comme l'emblème de son unité. Depuis dix-sept ans, la France se tient debout entre l'Italie et la papauté ; sa main seule soutient l'édifice chancelant de la souveraineté temporelle ; une corde étroite tient celle-ci attachée à une seule volonté, à une volonté muette, mystérieuse, indécise. S'il fallait un exemple éloquent pour montrer le danger des interventions hâtives, je montrerais Rome. Qu'allions-nous y faire en 1849 ? nous ne le savions pas bien nous-mêmes. Que de pensées confuses et contraires chez les promoteurs de l'expédition ! Les uns voulaient simplement protéger la personne du saint-père, les autres voulaient le restaurer et imposer aux Romains le gouvernement des prêtres qu'ils venaient de renverser ; les uns pensaient faire faire une démonstration contre l'Autriche, les autres ne songeaient qu'à donner le coup de mort à une république et un soufflet à la Révolution !

Une fois à Rome, la France ne voulut plus ou ne sut plus en sortir. Sa lourde protection a déjà coûté au pape la perte des deux tiers de son territoire : elle a été comparée à la peau de chagrin de Balzac, qui ne manifeste sa vertu qu'en se rétrécissant. L'empereur croit encore aujourd'hui, comme il le disait au mois d'octobre 1859 à l'archevêque de Bordeaux, que, dans sa conviction, « le pouvoir temporel du saint-père n'est pas opposé à la liberté et à l'indépendance de l'Italie ; » mais il est évident qu'il lui importe assez peu dans quelles limites ce pouvoir temporel trouve à s'exercer. Dès le 31 décembre de la même année, il n'hésitait pas à écrire au saint-père : « Ce qui me paraîtrait le plus conforme aux véritables intérêts du saint-siége, ce serait de faire le sacrifice des provinces révoltées. Si le saint-père, pour le repos de l'Eglise, renonçait à ces provinces, qui depuis cinquante ans suscitent tant d'embarras à son gouvernement, et qu'en échange il demandât aux puissances de lui garantir la possession du reste, je ne doute pas du retour immédiat de l'ordre. Mais le saint-père assurerait à l'Italie reconnaissante la paix pendant de longues années, et au saint-siége la possession paisible des Etats de l'Eglise. »

Je ne crois pas, pour être juste, que la pensée de Napoléon III ait beaucoup varié sur ce point ; elle me semble avoir toujours été celle-ci : maintenir le pouvoir temporel, réduire autant que possible le territoire papal, obtenir du Piémont la renonciation à ce territoire réduit, à ce qu'on a appelé le jardin de saint Pierre.

Mais, comme dit Montaigne en recommandant la

franchise aux princes, « on fait plus d'une paix, plus
d'un traité en sa vie. » La politique impériale s'est
volontairement entourée de telles ombres qu'elle ne peut
guère se plaindre d'avoir vu de tous côtés ses intentions
méconnues. Dans la question romaine, elle n'a donné
satisfaction à personne, ni au pape, ni à l'Italie, ni aux
catholiques, ni aux libéraux. L'émotion du monde catholique est bien naturelle ; mais je ferai remarquer
qu'elle a pris le plus de vivacité chez les nations le
moins dotées de libertés politiques. La Belgique, l'Autriche, l'Espagne, l'Italie elle-même sont des pays
catholiques tout aussi bien que la France. Pourquoi
donc la France s'est-elle plus émue qu'aucun autre
pays des dangers de la papauté ? Ce n'était pas seulement parce que l'occupation de Rome l'avait mise sous
notre protection exclusive : l'évacuation, chez un grand
nombre au moins, prenait ses raisons dans des sentiments plus libéraux. Nos consciences se cabrent à l'idée
d'une tyrannie nouvelle qui s'exercerait en même temps
au nom de César et au nom de Dieu : on redoute le
jour où le maître spirituel ne serait plus au loin, par
delà les monts,.et où il ne ferait qu'un avec le maître
temporel. Les préfets, les commissaires de police, les
juges font ce qu'ils veulent de nos corps, nos âmes nous
appartiennent encore. Nous ne pouvons supporter l'idée
de voir mettre l'Eglise dans la police et la police dans
l'Eglise, confondre la loi humaine et la loi divine, la
confession de foi et la profession de foi, la robe du prêtre
et la robe du juge, la pénitence et la prison, la prière
et la pétition, la miséricorde et le droit de grâce, l'ab-
solution et l'amnistie. Nous nous accrochons à l'indé-

pendance spirituelle comme à une ancre de salut ; le despotisme nous paraît plus tolérable tant qu'il n'est pas *théocratique, et nous puisons encore dans le* fond de nos cœurs l'espoir peut-être vain de renverser les faits avec les idées, les bastilles avec les croyances. C'est afin que (dans tous les pays catholiques, on a osé le dire) les pouvoirs spirituel et temporel demeurent séparés, qu'il faut qu'ils soient réunis à Rome. On s'est accoutumé à croire que *les Romains doivent au monde catholique le* sacrifice de leur indépendance. Leur gouvernement demeure comme un exemple vivant des abus qu'entraîne le régime théocratique, et plus on les trouve monstrueux, plus on veut qu'ils se perpétuent.

Il faut écarter d'une discussion sérieuse ce dernier argument, si *cruellement puéril :* on devrait avoir honte de lier la grandeur et la durée d'une institution qu'on proclame divine à ce que l'on appelle un mal nécessaire. Aux gens de bonne foi, qu'ils soient ou non catholiques, une seule chose importe véritablement, c'est l'indépendance *spirituelle* du chef de l'Eglise catholique. Si jadis la possession d'un territoire a pu la garantir, le peut-elle encore aujourd'hui ? Le patrimoine de saint Pierre est-il une forteresse devant laquelle viennent expirer les assauts de toutes les puissances terrestres ? Qui pourrait sérieusement le prétendre ? Qui ne sent que la souveraineté *temporelle* du pape, que l'on *représente* comme l'égide nécessaire de son indépendance spirituelle, n'est plus que nominale, suspendue qu'elle est à la tolérance de la France, à l'obéissance frémissante du roi d'Italie, au fil d'une ou de deux existences, à un hasard, à un doute ? Son équilibre n'est

plus l'équilibre stable d'un objet qui, dérangé, retrouve
son assiette : c'est un équilibre instable qui n'est plus
maintenu que par des artifices. La papauté attend ce
grain de sable dont parle Pascal et que le destin jette
quelquefois dans la balance indécise de l'histoire.
L'Italie, qui veut dépouiller le pape, espère garder la
papauté, s'envelopper de son prestige, entourer la croix
de Savoie de ses rayons. *Odi et amo*, pourraient dire
l'une de l'autre les deux puissances aujourd'hui
rivales et demain peut-être alliées. La France craignant
peut-être en secret que la papauté n'obéisse trop à ses
conseils et ne devienne trop italienne, essaie à la dernière heure de consolider le dernier débris du pouvoir
temporel. Elle dit bien haut à l'Italie : « Tu n'iras pas
plus loin. » Elle a aussi trouvé son *non possumus*. Il y
a deux villes en Europe où nous défendons à la Révolution d'entrer : Paris et Rome. La nouvelle légion
romaine qui se forme par nos soins ne sera pas *castel-
fidardée :* Garibaldi restera sur son rocher de Caprera
et se souviendra d'Aspromonte. Le parlement italien
restera à Florence et oubliera ses anciens votes.

Qu'est-ce qui manque à ce beau programme ? Rien
— pour le corps législatif français. Qu'est-ce qui lui
manquera pour laisser une trace profonde dans l'histoire politique et religieuse du dix-neuvième siècle ? Un
avenir prochain le révélera.

LETTRE XII.

L'indépendance spirituelle du souverain-pontife, ai-je dit, est le seul intérêt légitime et sérieux qui mérite non-seulement les sympathies des catholiques, mais encore le respect de tous ceux qui veulent laisser à la conscience humaine la plénitude de ses droits. Dans la seconde moitié du XIXe siècle, après tout ce qui s'est passé en Italie, devant les aspirations légitimes d'une nation qui veut rendre au gouvernement civil tout le territoire auquel elle pense avoir droit, quel est le meilleur moyen de sauvegarder, de garantir cette indépendance? Grosse question, pleine encore d'obscurités et de périls, et que la plupart n'abordent que le cœur rempli ou de passions aveugles ou de haines irréfléchies.

La solution que souhaite l'empire n'est point, à mon sens, de nature à dissiper les dangers; elle n'est qu'un compromis momentané, elle laisse en face l'une de l'autre la papauté et l'Italie, sans satisfaire pleinement ni l'une ni l'autre. Elle diminue, sans l'abolir, le pouvoir temporel, et n'enlève au gouvernement théocratique aucun des caractères contre lesquels se soulève l'esprit moderne; elle humilie l'Italie en laissant au cœur même d'une terre redevenue libre une forteresse à l'esprit de réaction; elle vise à la réconciliation entre l'esprit des temps passés et l'esprit du temps présent, mais cette réconciliation ne peut être sincère qu'autant que la papauté se dépouillera volontairement de ses prétentions séculaires.

Je comprends que l'Italie, dans son rêve ambitieux, songe à faire une papauté italienne : il n'est point naturel qu'elle cherche à se priver du prestige qui enveloppe la vieille institution à laquelle se suspend depuis si longtemps la foi de tant de millions d'hommes; mais une papauté italienne serait-elle encore une papauté catholique? Supposez un moment que la souplesse florentine parvienne à vaincre l'obstination sacerdotale de Rome, qu'elle réussisse à flatter les sentiments patriotiques qui n'ont jamais été tout à fait éteints au cœur des souverains-pontifes, qu'elle soulève la porte d'un conclave ou se glisse dans les mystérieux détours du Vatican; imaginez je ne sais quel concordat qui liât le sort de la papauté à celui de l'Italie, qui mît le souverain-pontife sous l'égide d'un seul peuple et d'une seule maison royale, qui l'associât trop intimement aux grandeurs et aux misères d'une seule nation, de quel œil le monde verrait-il ce changement? Dans la croix qui surmonte la tiare, aimerait-il à reconnaître la croix de Savoie? Ces deux majestés, le pape et le roi, lui apparaîtraient-elles de loin assez séparées?

Verrait-il une étoile double dans le rayonnement confus de la ville éternelle ?

Si les nations catholiques soupçonnaient jamais, à tort ou à raison, la papauté de devenir trop italienne, il est possible qu'elles songeraient à s'en détacher. Au lieu du mouvement centripète qui entraîne aujourd'hui toutes les forces catholiques vers un même point, on assisterait à un mouvement centrifuge aussi violent : les traditions indépendantes des Églises nationales sortiraient de l'oubli ; le gallicanisme surgirait comme Lazare du tombeau dont les ultramontains ont scellé la pierre ; le monde catholique serait déchiré, remué, troublé jusque dans ses entrailles. Je ne sais si ces luttes rajeuniraient les croyances de l'humanité : c'est dans les peines, les tourments et les incertitudes que l'âme apprend le mieux à se connaître. Peut-être le demi-sommeil de la foi qui s'abandonne avec trop de paresse et de nonchalance doit-il être quelquefois interrompu ; mais, au point de vue catholique, on ne peut envisager sans crainte les déchirements qui suivraient l'absorption de la papauté par l'Italie.

S'il y a, en effet, un caractère qui soit propre à cette antique institution, c'est qu'elle a été placée au-dessus des peuples et des rois. Elle prétend dominer, comme l'éternité elle-même, le courant troublé des affaires humaines. A ses yeux disparaissent toutes nos distinctions et nos différences : son unité ignore les frontières et les nationalités. Comme le paganisme romain recevait tous les dieux dans son Olympe, pour mieux assurer l'empire de Rome, elle ouvre à toutes les âmes les portes d'une cité idéale où viennent expirer les vains bruits de la terre. La papauté n'est rien si elle n'est catholique, c'est-à-dire cosmopolite.

Si elle perd le pouvoir temporel, elle risque aussi de perdre l'apparence au moins de l'indépendance, si elle demeure attachée trop fortement à l'Italie. Mais n'y a-t-il pas quelque moyen de préserver ce caractère *catholique* qui sembl: s. essentiel à sa permanence et à sa grandeur? Qu'est-ce qui empêcherait chaque puissance catholique d'offrir au souverain-pontife une demeure où il lui serait loisible de séjourner, en y exerçant tous les droits attachés à sa haute fonction religieuse, celui de s'entourer d'un sacré-collége, de convoquer les évêques de la chrétienneté, de réunir des conciles? La France, l'Espagne, la Belgique, l'Autriche, la Suisse, l'Angleterre elle-même refuseraient-elles de recevoir le saint-père le jour où il ne se sentirait point assez libre à Rome? Le chef de la catholicité devrait avoir le droit et les fidèles lui fourniraient bien facilement les moyens de séjourner dans tous pays catholiques. Comment son indépendance pourrait-elle être mise en danger en Italie s'il lui était possible d'aller s'établir à Avignon et d'y exercer tous ses droits spirituels? Serait-il esclave à Avignon, s'il pouvait, quand il lui plairait, aller aux Baléares? Peut-on imaginer une indépendance plus pleine que celle d'une majesté errante, se fixant à son gré où elle se sentirait le mieux à l'abri? Un pape protégé par son caractère lui-même et par toutes les puissances catholiques, n'aurait-il point le droit de dire:

Rome n'est plus dans Rome : elle est toute où je suis?

Mobile et au besoin voyageuse, ne serait-elle point la réalisation la plus parfaite de cet idéal sacerdotal qu'on place comme en dehors et au-dessus des affaires terrestres? en sortant du centre où l'attache aujourd'hui la tradition, ne courrait-elle pas chance de se retremper elle-même au milieu de croyances plus vierges, d'idées plus fécondes, de dévouements moins intéressés? Ne peut-elle plus secouer la poussière qui couvre la ville des ruines? Craint-elle que les respects ne diminuent à son approche et que son prestige ne s'affaiblisse par le contact? Mais cette crainte même n'est-elle point salutaire? et n'est-il pas temps qu'un souffle nouveau anime la foi, qu'un air plus libre circule dans le temple rempli par les étouffantes vapeurs de l'encens?

Le pouvoir spirituel et le pouvoir temporel, partout où ils restent encore unis, ne sont plus retenus que par des liens qui se tendent chaque jour et que la fin du XIXᵉ siècle verra sans doute partout déchirer. Rome est aujourd'hui le nœud d'un des plus graves problèmes de notre temps. Si la séparation s'y opère sans violence et sans injustice, on peut espérer que partout elle se fera de même. Aussi me demande-t-on en vain de détacher mes yeux de ce point, où des forces également puissantes se trouvent aux prises, et se contrebalancent dans un équilibre chancelant.

L'avenir religieux d'une partie considérable de l'humanité est ici en question : comment le philosophe lui-même, en face d'aussi solennelles alternatives, n'éprouverait-il point une secrète émotion? Le hasard de l'histoire a malheureusement porté la question romaine au premier plan du théâtre politique à une heure malheureuse où l'âme des peuples, comme celle des souverains, semble fermée à toutes les nobles et généreuses inspirations. Les victoires de la violence et de la ruse, les continuels hasards, la peur, ont mal préparé nos consciences énervées aux tâches que le temps leur impose ; la liberté a reçu trop d'outrages pour qu'on invoque d'abord son appui ; elle est trop malade pour qu'on lui demande des remèdes. Si j'ose écrire qu'il n'y a de vraie souveraineté que celle de la pensée, de vraie indépendance que celle de l'âme, qui voudra m'écouter ? L'esclave, comme le tyran, apprend à ne plus estimer que la force. Tous l'appellent et l'invoquent, jusqu'à ceux qui parlent au nom de Dieu ! quand le monde entier est en armes, la foi aussi veut des citadelles.

LETTRES DE VERAX

LETTRES DE VERAX

SUR LA

DEUXIEME EXPEDITION DE ROME (1)

LETTRE I

Le récent et nouvel épisode des affaires italiennes a été si prompt et est encore si récent, qu'à peine on a eu le temps d'en comprendre le caractère, d'en suivre les développements, et d'en apercevoir les conséquences. Aussitôt, d'ailleurs, qu'est prononcé ce nom fatidique de « Rome, » il semble qu'un nuage se répande sur toutes les intelligences et que la vérité s'enveloppe d'une ombre plus épaisse. J'essaierai pourtant, si vous le trouvez bon, d'examiner ces nouveaux événements

(1) Publiées dans l'*Étoile belge*, du 11 au 14 novembre 1867, sous l'initiale V (Verax).

avec quelque calme, et de rechercher, sans parti pris comme sans illusion, ce qu'il en faut penser, en me plaçant successivement au point de vue de la France et de son souverain, de l'Italie, de la papauté, enfin de l'Europe.

Je commence par César. Je voudrais me tromper, mais je crains que la deuxième expédition ne soit pour lui un triomphe ; triomphe précaire, si vous le voulez, triomphe gros de périls, mais néanmoins réel, tangible, certain. Rappelez-vous ce qui se disait seulement il y a un mois ! Il semblait que l'empire, livré à une sorte de décomposition secrète, s'affaissait lentement, et l'on allait jusqu'à prédire la ruine prochaine d'un édifice que rien ne soutenait plus. Cette volonté solitaire, autrefois toujours occupée à suivre de longs desseins, ne savait plus vouloir. Il n'y avait pas un fonctionnaire de l'empire qui, dans le secret de la vie privée, ne gémît sur les fautes qu'on avait commises. Le courage de M. Michel Chevalier s'était retrouvé, et il osait appeler l'époque actuelle un « âge de fer. » L'armée, humiliée des désastres du Mexique, de son inertie forcée pendant la guerre d'Allemagne, ne cachait guère son mécontentement. La presse, entre le régime ancien d'une législation condamnée et la venue d'un régime nouveau qui n'avait pas encore trouvé ses lois, profitait des libertés que lui laissaient les circonstances, et trouvait chaque jour des accents plus amers, plus hardis, contre la faiblesse et l'inconséquence, l'immoralité de notre politique.

Je ne dis point que cette situation soit absolument changée. Mais enfin, tout d'un coup, à propos des affaires de Rome, on a vu le gouvernement vouloir, et non seulement *vouloir*, mais *agir*. Son action a été prompte, efficace ; l'épée française a brisé l'idole garibaldienne, fait rentrer au fourreau l'épée de l'Italie, et protégé la triple couronne. Ce coup de théâtre était nécessaire à l'empire : il avait besoin de montrer sa force, et la multitude avilie, qui ne respecte que le succès, ne se demande guère pourquoi ceux qui sont si timides avec les puissants, sont si hardis avec les faibles. Le *Times* salue la victoire de l'empire et n'a que des mépris pour Garibaldi et pour les Italiens.

L'empereur des Français ne croit pas plus que le *Times* à la légitimité du pouvoir temporel, mais il savait que le monde le croyait devenu incapable d'agir, et il a agi. Il n'a obéi qu'à l'instinct de la conservation. Plusieurs fois, il a répété à M. Nigra : « On m'accuse d'avoir abandonné Maximilien ; je ne veux point qu'on m'accuse d'avoir abandonné le pape. » De solution du grand problème posé à Rome, il n'en possède aucune ; il a voulu produire un grand effet, et il l'a produit. Il allait compromettre et peut-être détruire en Italie l'œuvre qu'il y avait lui-même commencée et que longtemps il avait favorisée de son appui ouvert ou tacite : peu lui importait, si du même coup il pouvait raffermir son pouvoir ébranlé, si son expédition de Rome à l'extérieur était en même temps une « expédition de Rome à l'intérieur, » si, en rallumant les discussions sur la question romaine, il jetait la division dans la grande armée libérale, devenue si compacte et si formidable, si enfin il rattachait à son autorité les sympathies vacillantes du parti catholique et conservateur.

On dit que les vieillards aiment à revenir de préférence

aux lieux et aux souvenirs de leur enfance. Il était naturel que l'empire, qui s'était égaré quelque temps dans
l'entreprise libératrice de l'Italie, revînt un jour à son
point de départ, qui a été une réaction violente contre
toutes les idées libérales. Comme Antée retrouvait des
forces en touchant la terre, le « 2 décembre » en retrou-
vera toujours quand il reviendra à l'esprit du 2 décembre.
Ne nous flattons point de vaines illusions : le parti catholique, hostile à l'esprit moderne, à l'idée du gouvernement laïque, a de profondes racines sur cette vieille
terre de France. Et comment vous en étonneriez-vous en
Belgique? Vous y jouissez depuis 1830 de la liberté la plus
achevée, d'une liberté presque sans limites : vous avez
eu pendant trente-sept ans un gouvernement sans reproche. Les institutions belges sont en ce moment, pour la
malheureuse Europe, livrée à toutes les tyrannies, une
sorte d'idéal politique. Et cependant, malgré votre tribune et votre presse libres, les deux partis, libéral et catholique, se tiennent chez vous en balance et disposent
de forces presque égales. Et comment voulez-vous que
notre situation ne soit point mille fois pire, quand, depuis 1850, le parti libéral en France n'a souffert que des
injures, quand la complicité et plus tard la tolérance
du gouvernement ont permis à l'épiscopat français de
reprendre tout l'empire qu'il avait perdu de 1830 à
1848. L'empire a livré la France au clergé, le clergé
lui a livré la France. Sans doute, ce mariage a eu ses
mauvais jours. Quand on a cru la papauté menacée, on
a parlé de Dioclétien, de Ponce-Pilate; mais que ces
alarmes se dissipent, et l'on n'entend plus parler que de
Constantin et de Blanche de Castille !

Voilà pourquoi M. de Persigny, qui a le secret du 2 décembre et comme l'instinct caché de ses nécessités, a applaudi à la deuxième expédition de Rome. Voilà pourquoi l'évêque d'Orléans, que ses ardeurs ont porté naguère à l'Académie, loue aujourd'hui « la généreuse inspiration de l'empereur. » Voilà pourquoi le gendre de Victor-Emmanuel, si éloquent jadis, est aujourd'hui muet.

Et les libéraux ? les libéraux se sentent de nouveau divisés, désorientés, distraits de leurs préoccupations ordinaires. Les uns, hardiment, logiquement, admettent le principe de la séparation de l'Eglise et de l'Etat, et, le trouvant bon en France, le trouvent bon à Rome. Ils reconnaissent à l'Italie le droit de chercher son unité, et ne se croient pas obligés de respecter la convention de septembre plus que le traité de Zurich. Les autres, qui ne peuvent pardonner à l'Italie ses longues et ténébreuses complicités avec l'empire, ne peuvent s'empêcher de jouir secrètement de l'humiliation de l'Italie. Ils ne voudraient mettre aucun obstacle sur sa route, mais puisqu'elle y a mis elle-même la convention de septembre, dans l'espoir que cette convention ne serait qu'une ombre au travers de laquelle passeraient aisément la ruse et la violence, ils ne sont point très-désolés que l'obstacle ait pris corps et se soit trouvé infranchissable. Enfin, il est un grand nombre de libéraux, sincèrement catholiques, qui s'alarment sur les destins d'une papauté sujette et dépendante des gouvernements, et qui veulent lui réserver un asile éternel. Ceux-là, sans aimer le protecteur, aiment la protection accordée au Saint-Père. Leur politique reste esclave de leur foi.

Je ne déguise rien : je cherche à pénétrer les calculs qui ont dû armer le bras de l'empire. Je ne dissimule rien sur les avantages qu'il a pu recueillir. Mais à côté des avantages, il y a des périls, des périls énormes, non-seulement pour lui, mais pour la France. Je n'ai donc point fini et, avec votre permission, je continuerai.

LETTRE II

L'Italie souffre en ce moment les plus dures humiliations : je ne pense pas qu'au lendemain de Novare, elle dût être plus honteuse. Novare lui faisait sentir le poids de la puissance autrichienne. La seconde expédition de Rome lui fait sentir tout le poids de l'empire français. Pour la première fois depuis dix ans, les événements tournent contre elle : deux défaites, Custozza, Lissa, lui avaient livré la Vénétie.

Cette fois la défaite n'a rien à donner. L'an dernier l'Italie était battue et contente ; en ce moment elle est battue et mécontente.

Les accusations, les injures ne lui manqueront pas. On se demandera de quel droit elle s'est jetée dans une entreprise aussi périlleuse avec l'armée de Custozza, avec la flotte de Lissa, avec des finances en déroute ; on lui reprochera de ne point s'être assuré la coopération active de la Prusse, son alliée de l'an dernier, et de n'avoir

pas pris ses précautions avec M. de Bismark. Ses amis
mêmes lui diront : Si vous vouliez agir, que n'agissiez-
vous plus vite ? Que ne laissiez-vous Garibaldi écraser
l'armée du pape, avant que l'armée française lui ser-
vît de réserve et d'auxiliaire ? Que ne lui permettiez-vous
de prendre Rome, et d'y attendre audacieusement qu'on
vînt pour la deuxième fois en faire le siége ?

L'Italie, cela est vrai, s'est prise cette fois dans les
mailles de cette politique astucieuse qu'elle n'a cessé
de pratiquer depuis dix ans. On a cru que tout irait
comme par le passé ; que la politique officielle et la politique officieuse, en apparence brouillées, pouvaient
faire toujours bon ménage ; qu'on passerait sans encom-
bre par les étapes si connues : levée de boucliers du parti
d'action, désaveu officiel, triomphe du parti d'action,
le roi apparaissant pour rétablir l'ordre et réprimer l'esprit révolutionnaire, les faits accomplis consacrés enfin
par l'acquiescement de la France. Le programme a été
cette fois dérangé, et les événements ont complétement
dérouté l'optimisme de ceux qui nous soufflaient tout
bas dans l'oreille, à chaque incident nouveau du drame
italien : « Ne craignez rien ; tout cela finira bien : le
roi, Garibaldi, l'empereur sont parfaitement d'accord. »
La naïveté de ces nouveaux Machiavel n'avait pas reçu
une assez forte leçon à Aspromonte. La leçon actuelle
sera-t-elle assez complète ?

C'est un grand malheur pour l'Italie que sa délivrance
et le développement de son œuvre unitaire n'aient pas
été accompli au grand soleil de la liberté.

Sans apporter dans la politique l'austère rigorisme
d'un Caton, on ne peut s'empêcher de déplorer que les

mensonges diplomatiques, les intrigues, les équivoques, que la duplicité, la finesse et la ruse aient joué un rôle si constant et si prépondérant dans les actes successifs de la réorganisation de l'Italie. Aujourd'hui écrasé, étranglé, garrotté par Napoléon III, le peuple italien regrette peut-être d'avoir trop exclusivement lié sa fortune à celle du souverain de la France.

Combien de fois n'avons-nous pas entendu répéter dans le parlement italien et lu dans la presse italienne que Napoléon III était de l'autre côté des Alpes le seul ami, le seul soutien de l'Italie? Que de fois n'a-t-on pas à Turin et à Florence jeté l'injure aux libéraux français, à nos vieux partis, à ces incorrigibles qui étaient préoccupés surtout de l'honneur de la France? Appelons les choses par leur nom, l'Italie s'est faite l'alliée de Napoléon III contre l'opposition française; elle a subventionné à Paris une presse dont la mission était de servir en même temps et l'empire et l'Italie; elle se délivrait avec notre argent et notre sang, et elle désirait notre asservissement. Eh bien! quel est aujourd'hui le résultat de cette politique? C'est que l'Italie n'a d'autres amis en France que quelques libéraux dont les principes sont plus forts que les passions, et dont le désintéressement impose silence à leurs rancunes. C'est encore dans les rangs méprisés de ces vieux partis auxquels l'Italie a prodigué tant d'injures calculées, qu'elle trouvera encore quelques appuis.

La première expédition de Rome avait remué la France et suscité partout l'opposition la plus violente; la deuxième, même après Magenta et Solférino, la deuxième n'émeut pas le gros de la nation et lui semble une juste revanche des victoires diplomatiques que n'a cessé de remporter l'Italie dans ces dernières années.

L'Italie trouvera-t-elle quelque part de quoi se consoler de l'arrogante froideur de la France? Sera-ce dans les platoniques sympathies de l'Angleterre? On sait bien que l'Angleterre se contente de faire de bruyantes ovations à Garibaldi, et qu'elle n'a « ni un homme, ni un shelling » à donner même à ceux qui veulent ébranler la papauté? Sera-ce dans l'alliance de la Prusse? mais la Prusse ne s'est guère montrée disposée à profiter des circonstances récentes pour rendre service à l'Italie.

Non, l'Italie reste livrée, pour le moment, à elle-même, et se trouve placée entre la réaction et la révolution. Le mariage entre la dynastie de Savoie et la nation italienne, opéré sur les champs de bataille et parmi les dangers, menace de se dissoudre dans la honte, la colère et le mépris. Les semences de mécontentement jetées en Sicile, à Naples, en Vénétie, à Turin, vont partout germer; tous les liens de l'unité vont se détendre, et la force seule pourra sans doute les resserrer. Ou la royauté aura assez de force pour substituer le gouvernement militaire au gouvernement constitutionnel, et alors il faut dire adieu aux nobles espérances qui avaient été évoquées jadis autour de l'Italie régénérée, ou l'on risque de voir s'établir en Italie une sorte d'anarchie permanente et chronique, un faux-semblant de gouvernement constitutionnel, sans cesse troublé par des insurrections et des désordres.

L'Italie déshabituée de faire *da sé*, attendant toujours une solution, une chance du dehors, courtisera ses puissants voisins, et par eux se laissera imposer sa politique.

intérieure en même temps que sa politique extérieure.
Elle ne pourrait échapper à ces dangers qu'en dévorant
en silence l'injure qu'elle reçoit aujourd'hui ; qu'en s'ap-
pliquant à réformer ses finances, ses lois, son administration ; qu'en pliant l'esprit de parti au patriotisme,
mais à un patriotisme patient et à longue vue ; qu'en se
montrant capable d'une vie propre, d'une politique indépendante, d'une action suivie ; qu'en rendant à son
parlement, à sa vie publique, l'importance qu'avaient
prise les ambassadeurs secrets, les intrigues occultes,
les petits calculs et les petites menées.

LETTRE III

J'arrive à la papauté. Elle recueille en ce moment le fruit de cette obstination, de cet entêtement qui n'ont cessé de caractériser sa politique. Tandis que les intrigues diplomatiques se croisaient autour d'elle, elle restait inébranlable. A l'Italie, soulevée par un grand mouvement unitaire, patriotique et national, elle ne craignait pas d'opposer, sans la moindre vergogne, une armée cosmopolite recrutée en France, en Belgique, en Irlande, en Hollande, en Allemagne ; aux idées modernes, à la théorie du gouvernement laïque, elle opposait avec un sang-froid que rien ne trouble, le *Syllabus*, les idées du moyen âge. Ses soutiens ordinaires lui faisaient défaut : elle n'avait plus à compter sur l'Espagne, qui se trouve exclue par son impuissance du concert européen, ni sur l'Autriche, privée de ses plus belles provinces, déchue, battue non-seulement en Italie, mais en Allemagne, et poussée par le désespoir dans les voies du gouvernement constitutionnel et à l'abolition du concordat.

D'où viendrait donc le sauveur à l'heure suprême ? qui serait le pilote qui amènerait dans le port la barque de saint Pierre, sur le point d'échouer ? C'est ici que la papauté a montré une intelligence profonde des choses et des hommes. Elle savait qu'elle avait un dernier allié dans l'empire français : la première expédition, la première occupation de Rome avait noué entre elle et la France des nœuds dont elle connaissait bien la souplesse et la ténacité. Pendant les dix-huit années de l'occupation de Rome, ce n'est point l'empereur qui tenait le pape, c'est le pape qui tenait l'empereur.

Pendant dix-huit années, on n'a opposé que le plus dédaigneux silence et la plus complète inertie aux lettres, aux notes, aux injonctions venues de Paris. La lettre à Edgar Ney n'était qu'une vaine parole : les sentinelles françaises qui avaient l'arme au bras devant le Vatican étaient un fait. Pendant que la diplomatie papale usait la diplomatie française, lentement et insensiblement, on faisait pénétrer dans les esprits du peuple français l'idée que la France était le défenseur naturel, nécessaire et providentiel de la puissance pontificale, que notre honneur était lié à ce rôle, et que nous ne pouvions le déserter sans honte.

Notre honneur ! c'est avec ce mot des monarchies absolues (Montesquieu) qu'on a toujours tout obtenu de la France. C'est de cet honneur qu'on parle quand il faut conduire nos régiments sur les plateaux du Mexique, sans se demander s'il ne souffrira point des exécutions sommaires, des *branchements,* auxquels nous forcera une guerre sans merci. C'est encore cet honneur qu'on invoque quand on réclame l'exécution de la convention de septembre ; mais les faciles exploits des fusils Chassepot qui ont *fait merveille* (rapport officiel) contre les garibaldiens à peine armés, mais cette bataille où l'on voit vingt-deux morts d'un côté et six cents de l'autre, l'honneur français aura-t-il bien lieu de s'en glorifier ?

Qu'importe à la papauté ? que lui importe même que la participation aujourd'hui avouée des troupes françaises au combat de Mentana puisse faire dire que le gouvernement romain était impuissant à défendre son territoire contre les bandes garibaldiennes ? que les zouaves pontificaux, malgré leur bravoure, aient partout été défaits avant l'arrivée de l'armée française ? Le gouvernement pontifical s'est donné une petite armée, par déférence pour les vœux du gouvernement français et pour ouvrir des cadres aux dévouements les plus ardents ; il savait bien que sa vraie armée était en France, que sa véritable force était dans les sentiments du gouvernement français et dans ceux du parti catholique en France. La souveraineté du pape n'a jamais été semblable aux autres souverainetés : elle n'est pas tenue de se défendre elle-même ; mais toutes les autres sont tenues de la défendre.

Le pouvoir spirituel a toujours eu besoin du bras séculier ; ce bras a été longtemps celui de l'Espagne, celui de l'Autriche ; c'est aujourd'hui le bras de la France !

La France remonte le cours de l'histoire, comme l'a si bien montré M. Quinet dans une lettre adressée au *Temps ;* elle se donne, en plein dix-neuvième siècle, une mission impossible, qui est de soutenir par la force et les traités une puissance condamnée par l'esprit de la Révolution française, par les principes de 89 toujours écrits dans ses Constitutions ; condamnée par l'indifférence ou l'hostilité de l'Europe entière, par l'abandon de ses partisans traditionnels ; condamnée enfin aujourd'hui par les protestations de l'Italie, qui jadis associait le nom de la papauté à sa gloire, et qui ne peut plus l'associer qu'à ses hontes et à ses humiliations.

Je suis peu enclin à croire à ce que j'ai entendu nommer le *grand complot* catholique, dont l'entrevue de Salzbourg et la deuxième expédition de Rome seraient les premiers actes. S'il était entré dans quelques cervelles la pensée de réunir en un même faisceau *politique* toutes les forces éparses du monde catholique, l'Espagne, la France, le sud de l'Allemagne soustrait à la Prusse, l'Autriche, et peut-être une Pologne délivrée par les efforts combinés de l'Autriche et de la France, je crois que cette grande chimère aurait quelque peine à prendre corps, et qu'elle irait promptement prendre place, dans les moqueries de l'histoire, à côté de la fameuse *régénération des races latines.*

Ce que je crois, ce que je vois, c'est que le pacte noué entre la France et la papauté donne aujourd'hui au *pouvoir temporel une force nouvelle et fait courir à la France de nouveaux dangers.* Dans de telles matières, les précédents sont tout : il n'y avait rien de plus facile que de ne point aller à Rome en 1848. Y ayant été une fois, on pouvait, avec quelque habileté, s'arranger pour n'y point retourner. Maintenant qu'on y est allé deux fois, comment rentrer dans la non-intervention absolue ? C'est à ce point de vue que la deuxième expédition de Rome doit effrayer tous les libéraux. Elle établit presque une

tradition, elle ne compromet pas seulement le présent,
elle engage l'avenir. Le *non possumus* va devenir
plus impératif et plus catégorique que par le passé ; la
France, liée à la papauté et impuissante à la réformer,
s'inclinera elle-même sous sa main de fer. Le parti ultramontain, une poignée d'hommes autrefois et déjà aujourd'hui une armée, grossira tous les jours. Les ultramontains ont été longtemps comme des étrangers en
France ; encore quelques victoires de Mentana, et ce seront les libéraux qui s'y trouveront des étrangers. Ils
parleront une langue qui, autour d'eux, ne sera plus
comprise ; nous vivrons dans l'atmosphère morale de
l'Espagne ; nous mettrons notre honneur à soutenir des
tyrannies, notre orgueil à mériter des haines ; le bon
sens gaulois sombrera dans l'absurde ; l'aigle aura tué
le coq !

LETTRE IV

L'Italie a mal choisi l'heure de son agression contre
Rome : il y avait quelque imprudence à braver la politique des Tuileries, quand cette politique venait de recevoir de tels affronts, au Mexique et en Allemagne. Si
l'on voulait agir, au moins fallait-il agir avec vigueur,
sans laisser à l'empereur le temps de la réflexion, et mettre de suite de son côté les faits accomplis.

De quel œil l'Europe va-t-elle cependant regarder la
nouvelle intervention de la France ? sera-t-elle bien sa-
tisfaite qu'il s'établisse une sorte de prescription en faveur de notre droit à occuper Rome et l'Etat pontifical ?
peut-il lui convenir que la France s'arroge un tel privilége ? Il est vrai qu'on parle aujourd'hui de conférence,
mais Napoléon III n'appelle la conférence que pour l'aider à se tirer des embarras de l'occupation, pour en obtenir la sanction de ses actes et des résolutions. Il veut
aller seul à Rome, mais il prétend que la solution qu'il
se propose de donner à la question romaine reçoive la

signature de toutes les puissances. Que sera pourtant
cette conférence? n'invitera-t-on que les puissances catholiques? A proprement parler, il ne saurait plus être
question en politique de puissances catholiques. La reine
d'Angleterre, le roi de Prusse, l'empereur de Russie ont
des sujets catholiques; l'empereur des Français et l'empereur d'Autriche ont des sujets protestants. Dans un
congrès, le pape ne peut prendre place que comme souverain temporel, et, par conséquent, les limites de sa
souveraineté temporelle ne sauraient être réglées d'autre
façon que les relations internationales d'un pays quel-
conque, faisant partie de l'Europe. Si la papauté veut
donc donner une garantie durable et terrestre à son territoire actuel, ce n'est pas seulement aux puissances
dites catholiques qu'elle est tenue de la demander, mais
à l'Europe entière.

Il se peut que l'Europe la lui accorde; l'Europe, qui
a vu d'un œil si indifférent détruire tant de souverainetés, voudra peut-être remettre quelques étais sous ce
trône dont la splendeur mystique fait encore pâlir celle
des autres couronnes; il y a sans doute chez tous les
chefs d'Etat, quelle que soit leur foi, une fibre secrète qui
les rattache à ce Vatican, au dernier refuge de l'autorité
absolue, spirituelle et temporelle, maîtresse des âmes
comme des corps. Mais comment ces sympathies, comment cette sentimentalité trouveront-elles moyen de satisfaire les vœux de la papauté et ses exigences qui repoussent tout compromis et toute transaction? Derrière
les souverains, d'ailleurs, il y a les peuples, avec leurs
passions, leurs haines, que l'on ne peut toujours braver.
On n'imagine pas facilement avec quelles instructions

se réuniraient les ambassadeurs chargés de régler les destinées de la souveraineté pontificale.

Au reste, pourquoi une conférence ou un congrès? Le gouvernement français a-t-il voulu autre chose que faire respecter la convention de septembre? peut-il invoquer un autre titre pour son intervention actuelle? Elle existe donc toujours, cette convention. Le gouvernement italien ne l'a violée qu'à demi. Il ne s'est permis envers cette Lucrèce diplomatique que les avant-dernières inconvenances, non les dernières. La convention de septembre a une autorité rajeunie et bien plus grande que par le passé, depuis qu'elle a prouvé qu'elle n'était point, comme tant d'autres conventions et traités, un simple chiffon de papier. L'Europe, interpellée par Napoléon III et troublée dans sa quiétude, peut donc se contenter de renvoyer simplement l'empereur des Français au roi d'Italie et le roi d'Italie à l'empereur des Français. Il n'y a rien de changé en Italie, il n'y a que quelques garibaldiens de moins. Que veut-on de l'Europe? L'ordre règne à Rome. Que les deux signataires de la convention lavent en famille le sang tombé sur ce parchemin.

L'Italie essaiera peut-être, pour couvrir sa défaite, d'obtenir de l'empereur des Français une convention nouvelle ; mais il nous paraît qu'elle a peu de chance d'être exaucée. Il n'en resterait pas moins, d'ailleurs, ce fait, le seul grave, le seul important : il n'y a qu'une chose, une seule chose entre Rome et l'Italie, c'est l'épée de la France. Cette situation, qui dure depuis quelques années, mais qui vient de s'aggraver si douloureusement, creuse un abîme entre la France et l'Italie. Cette nation

que nos armes ont contribué à faire revivre est forcée
de devenir notre ennemie. Il faut croire que nous n'avons
plus besoin d'alliés ; car si nous songions à grouper nos
forces, nous n'aurions pas de gaîté de cœur rejeté la
main de cette jeune nation qui nous doit l'indépendance.
La deuxième expédition de Rome offre donc au moins
une consolation aux libéraux : elle les garantit contre
cette guerre européenne qui a été si longtemps prédite.
La victoire de Mentana nous suffira et nous dispensera
de victoires sur le Rhin. M. de Bismark est à l'aise :
s'il avait eu quelque chose à craindre du souverain de la
France, il pourrait se rassurer en voyant le sans-façon
avec lequel ce souverain traite l'Italie. Si l'on est si exi-
geant au-delà des Alpes, c'est qu'on se propose d'être
très-complaisant au-delà de nos autres frontières. Ce
n'est qu'avec les Italiens que nous faisons la grosse voix,
ce n'est qu'à eux que nous interdisons de terminer leur
« agglomération » et d'invoquer la « nationalité. » Il
se peut toutefois, car il faut tout prévoir, qu'on veuille,
au moment d'une grande lutte européenne, *forcer* l'alliance de l'Italie, et qu'on ne la subjugue en ce moment
que pour lui montrer quelle différence il y a entre la
France et la Prusse, de qui elle a le plus à craindre et
le plus à attendre. Célimène faisait les yeux doux à
deux amants ; l'un d'eux la rudoie, lui brise le poignet,
et lui dit : « C'est de ce côté-ci qu'il faudra venir. » Cette
hypothèse n'est point absurde, mais ce n'est qu'une
hypothèse que rien n'a encore justifiée.

Tout est possible ; mais dans le gouffre d'humiliation
où elle est tombée, l'Italie n'est peut-être pas encore réduite à suivre docilement les programmes qu'on voudra

lui imposer. La Russie n'a que des sympathies pour cette
jeune puissance, l'Angleterre lui prête son appui moral
à défaut d'appui matériel, la Prusse enfin, qui n'a pas
voulu commencer la guerre à l'empire à propos de la
question romaine, où elle voyait un piége, pourra quelque
jour montrer à l'Italie qu'elle n'oublie point le service
que celle-ci lui a rendu quand elle a retenu en Vénétie la
belle armée de l'archiduc Albert. Plus que jamais, tout
est instable en Europe, tout est incertain. Les alliances
des souverains sont aussi hâtives et d'aussi courte durée
que leurs courses effarées de capitale en capitale. La diplomatie n'a plus de règles : c'est un jeu de hasard.
Derrière le vain attirail des chancelleries, derrière les
passions des cours et des dynasties, derrière les mensonges de la politique, on voit s'élever lentement et irré-
sistiblement les volontés populaires et les linéaments
d'une Europe nouvelle, affranchie des vieilles barrières
élevées par les temps passés, et groupée suivant les affinités nouvelles et les aspirations nationales. Qu'un vent
de liberté vienne seulement à souffler sur l'Europe, et
nous verrons s'achever dans la paix et la concorde une
œuvre commencée par la haine, la fourberie et l'ambition.

FIN

TABLE

www.ingramcontent.com/pod-product-compliance
Lightning Source LLC
Chambersburg PA
CBHW061019280326
41935CB00009B/1024